Cómo incluir y catequizar

a niños con autismo y otras necesidades especiales

UN ENFOQUE PARROQUIAL

Cómo acoger, incluir y catequizar

a niños con autismo y
otras necesidades especiales

DR. LAWRENCE R. SUTTON

LOYOLA PRESS.
UN MINISTERIO JESUITA
Chicago

LOYOLA PRESS.
UN MINISTERIO JESUITA

3441 N. Ashland Avenue
Chicago, Illinois 60657
(800) 621-1008
www.loyolapress.com

Título original en inglés: *How to Welcome, Include, and Catechize Children with Autism and Other Special Needs*

Traducción: Redactores en red

Las citas bíblicas corresponden a *La Biblia de Nuestro Pueblo* © 2007 Pastoral Bible Foundation y © 2007 Ediciones Mensajero.

El gráfico titulado "El autismo y la teoría de la mente" que aparece en el Cap. 2 ha sido tomado del libro *Asperger Syndrome and Difficult Moments: Practical Solutions for Tantrums, Rage, and Meltdowns* [Síndrome de Asperger y los momentos difíciles: soluciones prácticas para las rabietas, el enojo y los ataques de ira] por Dr. Brenda Smith Myles y Jack Southwick (AAPC Publishing: Shawnee Mission: KS, 2005).

ISBN: 978-0-8294-4698-2
Número de Control de Biblioteca del Congreso USA: 2018909393

Impreso en los Estados Unidos de América.
18 19 20 21 22 23 24 25 26 27 Versa 10 9 8 7 6 5 4 3 2 1

Para mis hermanos Valerie y David, quienes fueron los primeros en enseñarme sobre el autismo y la importancia de la ayuda espiritual.

Índice

Prefacio

". . .los programas catequéticos deben ser accesibles a personas con discapacidades a fin de que tengan una participación plena, activa y consciente, de acuerdo a su capacidad".

—*Bienvenida y Justicia para Personas con discapacidades: Un Marco de Acceso e Inclusión*, Declaración de los Obispos Católicos de los Estados Unidos

"Dejen a los niños que se acerquen a mí".

—Mateo 19:14

Cualquier católico que preste atención a los Evangelios sabe que Jesús anhela que todos nos acerquemos a la mesa. Ha venido para que seamos uno, como él y el Padre son uno. No nos debe sorprender que los obispos insistan en alcanzar el objetivo de "la participación plena, activa y consciente" de todos los jóvenes católicos en los programas de educación religiosa. Este objetivo emana del corazón mismo de la vida y la visión cristianas.

Sin embargo, alcanzar ese objetivo puede ser todo un desafío. Cada niño es único, y esta afirmación es especialmente cierta en el caso de los niños con discapacidades. Un enfoque que funciona con un niño puede no funcionar con otro; no hay una lección o un enfoque "universal". Pese a los generosos e ingeniosos esfuerzos de muchos, en ocasiones la Iglesia ha tenido dificultades para hallar maneras eficaces de incluir a niños con autismo u otras discapacidades intelectuales, físicas o de desarrollo en los programas de educación religiosa. No es que no sepamos qué hacer; se ha avanzado mucho tanto en las escuelas públicas como en las privadas para atender a los niños con necesidades especiales. Es cuestión de tener la voluntad, la organización y los recursos necesarios para afrontar el desafío expresado en las palabras de los obispos. A veces, lo que se necesita es un camino claro a seguir.

El diácono Larry Sutton hace su aporte abriendo camino con su creativo enfoque para brindar educación religiosa a estos niños a quienes se suele excluir o pasar por alto; niños con necesidades especiales como el autismo, el síndrome de Down y otras discapacidades intelectuales o de desarrollo.

Sutton reconoció este desafío y lo enfrentó. Gracias a sus cualificaciones excepcionales fusionó su papel como diácono en la Iglesia católica y como psicólogo responsable de diseñar e implementar soluciones eficaces para personas con autismo. Su conocimiento en estas dos áreas le dio la perspectiva necesaria para discernir lo que se requiere para ser eficaz en un programa de educación religiosa para niños con necesidades especiales. En este libro nos describe su respuesta. En mi opinión, leer su historia es como presenciar el despliegue de la gracia. Es una declaración que promueve una manera humana y probada de brindar educación religiosa adecuada a niños con una variedad de necesidades especiales, y es al mismo tiempo la historia de un diácono ordenado que toma en serio su llamado a cumplir con su deber. En otras palabras, ofrece un lugar en la mesa para los marginados, los pobres, los presos, los enfermos o las personas con discapacidades. Procura que nadie quede olvidado ni excluido de la vida litúrgica y comunitaria de la parroquia. Sutton reconoce que el objetivo de cualquier programa para personas con necesidades especiales es brindar a cada niño un entorno con la menor cantidad de restricciones posibles y darse cuenta de que hay otros enfoques exitosos. Nos ofrece además algo nuevo, único y estimulante para niños que de otro modo no podrían ser atendidos.

En 2012, Loyola Press trabajó con David y Mercedes Rizzo y su familia para publicar el *Kit de preparación adaptativa para la Primera Eucaristía* con el objetivo de ayudar a niños con necesidades especiales y a sus familias a prepararse para recibir el sacramento. Nos alienta ver la alegría que expresan los niños y sus padres al descubrir la existencia de esta vía para recibir la Primera Comunión. En el proceso de elaboración de este recurso descubrimos una comunidad de personas que con gran dedicación trabajan con diligencia para satisfacer las necesidades de los niños con discapacidades. En nuestras conversaciones con estas personas a menudo escuchamos: "Deberías hablar con el diácono Larry Sutton. Tiene un programa que hace maravillas".

Así que llamamos al diácono Larry Sutton y lo visitamos en la parroquia de *Our Lady of Grace* (Nuestra Señora de la Gracia) en Pittsburgh, Pensilvania. Allí fuimos testigos de cómo este programa sencillo y eficaz sirve a las familias de niños con autismo y otras necesidades especiales. Vimos un programa en el que adolescentes dedicados aportan entusiasmo, ideales y creatividad para trabajar de manera personalizada como mentores de la fe. Vimos padres que se reunían para compartir sabiduría, fortaleza y esperanza mientras sus hijos finalmente podían disfrutar de un programa parroquial dedicado a ayudar a que cada niño participe plenamente según sus capacidades, no solo en la educación religiosa, sino también en la vida parroquial. Y vimos a niños que aprendían, rezaban, cantaban y crecían gracias a su conexión con un compañero, un mentor adolescente de la fe que les enseñaba a conocer, amar y servir a Dios.

Cuanto más hablábamos con el diácono Larry Sutton, más nos dábamos cuenta de que su historia merecía ser contada para que otros se beneficien de lo que la experiencia le ha enseñado. Esperamos que este libro ayude a que las parroquias que desean ser más inclusivas en sus programas de educación religiosa logren ver que el programa se puede llevar y se ha llevado a cabo de manera exitosa.

Hay aspectos destacables en el método del diácono Larry Sutton que además ofrecen situaciones extraordinariamente ventajosas. La primera es el uso eficaz de adolescentes mentores de la fe. Se trata de jóvenes que desean hacer algo bueno, útil y noble. Hay muchos jóvenes que tienen ese deseo. Con la guía adecuada, han demostrado ser creativos y eficaces al momento de preparar lecciones ingeniosas e interesantes, adaptadas específicamente para los niños a quienes han llegado a conocer, comprender y con quienes han forjado una relación de amistad. A su vez, contar con la atención personalizada de alguien mayor que ellos hace que los niños que participan en el programa de educación religiosa se sientan inspirados. Como resultado, logran aumentar su capacidad de participación en las lecciones, durante los momentos de oración en grupo y al tomar parte en las actividades parroquiales.

Los padres de familia (que de otro modo no podrían haber hallado un lugar acogedor en la parroquia) se regocijan en el crecimiento espiritual y religioso de sus hijos, hallan consuelo en el cuidado que los mentores les demuestran y encuentran esa comunidad que tanto necesitan al congregarse con otros padres para compartir sabiduría y apoyo. Y los padres de los jóvenes mentores se alegran de ver a sus hijos participar activamente y madurar en su fe mientras ejercen una influencia positiva en el caminar espiritual de un amigo.

La parroquia cobra dinamismo y se transforma al cumplir con su misión de ser el Cuerpo de Cristo y acoger a todas las personas en la mesa del Señor. En términos prácticos, la asistencia a la misa y la participación en la vida parroquial aumentan cuando las familias que antes se sentían incómodas o rechazadas ahora forman parte de la vida de la parroquia. Del mismo modo, los adolescentes hallan nuevos motivos para participar gracias a sus nuevos amigos. A su vez, también el párroco se capacita para realizar su buena obra y conducir a su rebaño, que participa y se involucra.

Jesús dijo a sus discípulos y nos dice a nosotros: "Dejen a los niños [. . .] que se acerquen a mí". En este libro hallarás las acciones, la inspiración y la guía necesarias para elaborar tu propia respuesta al mandamiento del Señor. Avanza paso a paso y podrás ver cómo se derrama la gracia sobre ti y sobre las personas de tu comunidad.

Tom McGrath
Director de misión e identidad
Loyola Press

Introducción

En el 2000, un año después de ser ordenado diácono, me enteré de que les habían negado la Eucaristía a dos niños de segundo grado con autismo: uno en mi parroquia local y el otro en la parroquia donde trabajaba. Los motivos no eran claros (los supe solo después de lo ocurrido), pero las personas de la parroquia involucradas habían llegado a la conclusión de que el autismo de los niños, en cierto modo, les impedía recibir los sacramentos. Esto se opone a las orientaciones de los obispos de los Estados Unidos, que explícitamente afirman que la discapacidad en sí misma nunca descalifica a una persona de recibir los sacramentos.

Este acontecimiento ofendió mi sentido de justicia social. Me hizo sentir enojo y frustración. Aquí estaba yo, un diácono y psicólogo especializado en autismo, incapaz de administrar los sacramentos a dos niños en mi propia parroquia. Recordé momentos durante mi capacitación en el diaconado cuando nuestros maestros benedictinos nos desafiaron a buscar maneras de usar nuestros dones al servicio del Pueblo de Dios. Decidí que esa era la manera en que Dios quería que sirviera.

Este libro habla de cómo ayudar a un grupo de personas de tu parroquia a vivir la gracia de los sacramentos y la plenitud de la vida católica. Quizás no te encuentres muy a menudo con estas personas en la parroquia; con frecuencia tienden a aislarse. No suelen encajar con facilidad en los programas parroquiales; a veces se les ignora y a menudo son incomprendidas. Hablo de católicos que tienen el derecho de ser aceptados como miembros plenos de nuestra comunidad católica, de recibir la gracia de nuestros sacramentos y de adorar con nosotros, sin temor ni lástima, sin sentirse intimidados ni ridiculizados. Para lograrlo hace falta aceptación y algo de ayuda especial; una ayuda que puedes brindarles con los recursos de los que dispones.

Este libro trata específicamente sobre el enfoque que desarrollé en mi parroquia para brindar educación religiosa a niños que estaban siendo desatendidos. La mayoría de las parroquias tienen una cantidad importante de niños en esta situación. Quizás tengan autismo, síndrome de Down u otras discapacidades que afectan su funcionamiento intelectual, sensorial o social. Por definición, estos niños son diferentes. Tienen una discapacidad; es decir, presentan capacidades diferentes de las de otros niños. No suelen ser inscritos en los programas de educación religiosa, ni logran progresar en ellos. Es posible que no se les vea muy a menudo ya que congregarse con muchas personas, como en la misa del domingo, los pone muy nerviosos. Su presencia también puede poner nerviosas a otras personas. En realidad, el primer paso para guiar a estos niños hacia una vida católica activa es hacer que la parroquia en general sea un lugar más receptivo para ellos.

Si desconoces las necesidades de estos feligreses, no estás solo. Soy psicólogo clínico especializado en autismo y también diácono ordenado, pero ni yo me daba cuenta de la magnitud de las necesidades de estos niños hasta que ese episodio en el 2000 me abrió los ojos.

En busca de un modelo

Sabía que deseaba ayudar a esos niños a recibir los sacramentos y a participar plenamente en la Iglesia. Pero la pregunta era cómo. El buscar respuestas me llevó a hacer contacto con un maravilloso grupo de líderes parroquiales y defensores de personas con discapacidades en la Iglesia católica. De estas buenas personas aprendí que la educación de estos niños es un desafío que enfrentan todas las parroquias. Por desgracia, me di cuenta de que, si bien muchas parroquias hacen enormes esfuerzos para satisfacer las necesidades de los niños con discapacidades, la falla a nivel pastoral que vi en estas dos parroquias en Pittsburgh es demasiado habitual. Se suele afirmar que los niños con discapacidades no necesitan los sacramentos porque son "hijos especiales de Dios"; una actitud que, a mi entender, es inaceptable como psicólogo y también como diácono. Todo católico necesita la gracia de los sacramentos. Todo niño necesita formar parte de una comunidad amorosa.

Ciertamente se han realizado grandes esfuerzos para formar en la fe a niños con autismo. Pero mi labor profesional me enseñó que los niños con autismo no suelen progresar en grupos y que suelen aburrirse con materiales que no les presentan

> Todo católico necesita la gracia de los sacramentos. Todo niño necesita formar parte de una comunidad amorosa.

un reto. Mi labor también me ha convencido de que estos niños casi siempre son capaces de un aprendizaje verdadero. No suele esperarse mucho de ellos, y por esta razón es que no se les dan las oportunidades que necesitan para aprender y expresarse. Algunas personas insisten en que los niños con autismo sean incluidos en las clases regulares de educación religiosa. Mi experiencia profesional me ha dado una perspectiva distinta sobre este asunto.

Instrucción personalizada

Los niños con autismo muestran una amplia gama de estilos de comunicación, capacidad lingüística, capacidad intelectual y personalidad. Los especialistas lo llaman condición del espectro del autismo (CEA) [*Autism Spectrum Disorder*, ASD, por sus siglas en inglés] por una buena razón. Cada niño con autismo es diferente. Cada uno está en algún punto de un amplio espectro de discapacidades, que van desde discapacidad severa hasta lo que se conoce como autismo de alto funcionamiento. Como especialista, he aprendido que lo primero que debo hacer para ayudar a las personas con autismo es conocerlas plenamente. Necesito saber qué es lo que les interesa, lo que los angustia, lo que los distrae, cómo piensan y, lo más importante, cómo se comunican. Muchas parroquias suelen implementar algún tipo de plan de educación religiosa individualizada para niños con discapacidades, un enfoque que apoyo totalmente. Existen muchos y diferentes modelos de educación religiosa. Me parece que para que un programa sea eficaz, debe adaptarse a cada niño en particular.

Este es el principio fundamental del método que se describe en este libro: el método de catequesis personalizada. Toda la instrucción se adapta al estudiante en particular, y la enseñanza es personalizada. El objetivo es preparar a estos niños lo mejor posible para la Reconciliación, la Eucaristía y la Confirmación, y para su participación como adultos en la Iglesia hasta el punto que cada niño sea capaz de alcanzar. Puede que tengamos un currículo y planes de clase, pero la manera en que presentamos el material y quién lo presenta es tan importante como el material mismo. El lugar donde presentamos el material también es importante: fue una de las tantas cosas que aprendimos desde que implementamos un programa piloto en la parroquia de Nuestra Señora de la Gracia en Pittsburgh en 2006.

El programa piloto se implementó seis años después de que escuché por primera vez el llamado de Dios a trabajar en la educación religiosa para niños con autismo. Mientras analizaba el problema y elaboraba ideas, surgió un importante desafío: ¿dónde hallaría personas que pudieran brindar la catequesis personalizada que creía fundamental para el éxito? Como profesional especializado en autismo, tengo un profundo respeto por la capacitación y la experiencia profesionales. He capacitado a profesionales. Trabajo todo el tiempo con profesionales y soy plenamente consciente de la buena labor que ellos desempeñan. Pero también es cierto que las personas con autismo no viven en un mundo estrictamente profesional. Viven con personas de todo tipo que se relacionan con ellos y que los llegan a conocer bien. La relación es fundamental.

Quizás personas con un espíritu generoso, afecto hacia los demás y un "sentido" intuitivo para relacionarse con personas que son diferentes sean los maestros más eficaces para los niños con autismo. Si personas dedicadas pudieran forjar relaciones personales genuinas con estos niños, tel vez como mentores, podrían lograr tanto como alguien con capacitación profesional. O incluso mucho más.

Adolescentes mentores de la fe

Esta idea de personas actuando como mentores es el origen de la característica más distintiva de nuestro programa: los adolescentes mentores de la fe. Al principio se trataba de un experimento. No estaba seguro de si funcionaría, pero mi intuición me decía que así sería. Esta intuición se basaba en mi observación clínica de la manera en que aprenden los niños y adolescentes con autismo. Me di cuenta de que a menudo respondían mejor a mentores de edad similar a ellos que a los adultos. Las relaciones se desarrollaban más rápidamente y eran más enriquecedoras. Se lograban mejores resultados. Observé esto en entornos tanto formales como informales. Decidí reclutar mentores adolescentes para nuestro programa.

El experimento funcionó muy bien; tan bien que ya dejó de ser un experimento. El método ha tenido éxito y estoy convencido de que la clave para su éxito es la relación que se genera entre el estudiante y el mentor.

Los adolescentes son buenos mentores para los niños con necesidades especiales pues abordan la tarea con una mente abierta. Los adolescentes no suelen tener ideas fijas sobre la manera en que los niños deberían comportarse o sobre cuán capaces son de aprender. Estoy convencido de que los adultos constantemente subestiman a estos niños. Los adultos suelen subestimar lo que estos niños son capaces de hacer, no les piden demasiado y ceden demasiado rápido a la frustración. Los adolescentes no parecen amedrentarse con estas actitudes y, por ende, son capaces de desarrollar la clase de relación estrecha que es ideal para el aprendizaje.

La dinámica de la situación ayuda a lograr el éxito. A los mentores les encanta trabajar con su propio estudiante. Están felices de tener un desafío. Desean demostrar lo que pueden hacer y están ansiosos por complacer a los adultos supervisores y a los padres de los niños. Muchos niños con autismo son solitarios y están aislados, por lo que se entusiasman cuando un compañero se interesa por ellos. Están deseosos de complacer a sus nuevos amigos. Esta dinámica genera un entorno excelente para la educación religiosa eficaz.

Tu parroquia

Nuestro programa adaptativo de educación religiosa está sólidamente establecido en Nuestra Señora de la Gracia, y he ayudado a otras parroquias a implementar programas con esta metodología. He explicado el método a parroquias, diócesis y en conferencias nacionales. Ha sido avalado por obispos influyentes y por organizaciones nacionales interesadas en la catequesis de católicos con discapacidades, y se utiliza en el *Adaptive Finding God Program* [Programa adaptativo Encontrando a Dios] de Loyola Press, programa del que hablaré más adelante en el epílogo. Funciona. Y estoy convencido de que puede funcionar también en tu parroquia, con los recursos que ya tienes o los que están a tu disposición.

No quiero dar la impresión de que esto sea sencillo. No lo es. El método que describo en este libro requiere establecer un nuevo programa con todas las tareas administrativas que esto conlleva. El personal clave deberá ser capaz de comprender las necesidades especiales. Deberá reclutar y capacitar nuevos mentores: adolescentes que no encajan con el perfil convencional de un catequista. Deberá aprender cómo educar niños con una variedad de capacidades y estilos de aprendizaje que no se adaptan tan fácilmente a entornos escolares.

Implementar este programa implica un compromiso. Ciertamente, las parroquias tienen muchas responsabilidades, y los recursos suelen ser limitados. Pero hay una cantidad significativa de niños y adolescentes en todas las parroquias que no son parte de la vida católica, y a muchos se les niegan los sacramentos. Ellos no eligen esta situación. No son parte de la vida parroquial porque la parroquia aún no ha encontrado la manera de incluirlos. Hacer que la gracia de los sacramentos esté disponible para todos los católicos es una obligación moral. La formación de la próxima generación de católicos en la fe es una de las responsabilidades más importantes de cada parroquia. Estas responsabilidades no se cumplirán realmente hasta que no se incluya a los católicos con discapacidades.

Este libro explica la manera de incluir a estas personas. Los primeros tres capítulos ofrecen los fundamentos del programa, una explicación del trastorno del espectro del autismo, y una descripción de un método de catequesis personalizada. Los siguientes tres capítulos son un manual básico: una descripción de las funciones dentro del programa, cómo implementar el programa y cómo mantenerlo en funcionamiento. Hay un capítulo sobre los sacramentos y un capítulo que resalta algunas sorpresas que fui hallando en el camino. Por último, describo cómo me asocié con Loyola Press para elaborar un currículo que utiliza la catequesis personalizada y materiales adaptativos, los cuales harán posible que todas las parroquias cuenten con un programa de educación religiosa para niños con autismo y otras necesidades especiales.

Todos estamos llamados a servir a los tesoros más preciados de nuestra Iglesia, como llamaba san Lorenzo, el diácono de Roma, a las personas con discapacidades. Todos los católicos tienen un lugar en nuestra comunidad, en el altar de Dios. Ahora es el momento, con el liderazgo del Papa Francisco, de servir e incluir a todo el Pueblo de Dios. Que Dios te acompañe.

Y, como no lograban acercárselo, por el gentío, levantaron el techo encima de donde estaba Jesús.

—Marcos 2:4

1

La educación religiosa y los niños con discapacidades

Jesús amaba a los niños. Un pasaje que inspira a los educadores religiosos es Mateo 18:1–5, en el que Jesús pide a un niño que se acerque a él y dice a los espectadores: "Les aseguro que si no se convierten y se hacen como los niños, no entrarán en el reino de los cielos". Y sigue diciendo: "Y el que reciba en mi nombre a uno de estos niños a mí me recibe". Jesús mostró gran compasión a quienes se hallaban al margen de la sociedad, entre ellos personas con discapacidad visual, auditiva y del habla. Cuando des un banquete, dijo, no invites a tus amigos y vecinos ricos, sino "invita a pobres, mancos, cojos y ciegos" (Lucas 14:13).

Las palabras y el ejemplo de Jesús son un reto para todos en la Iglesia, sobre todo para los líderes pastorales de nuestras parroquias y diócesis. Todos pertenecemos a la Iglesia, sobre todo los pobres, los afligidos y otros que quizás no cumplan con las expectativas que esperamos de aquellos con quienes compartimos la banca en la iglesia. No siempre es sencillo hacer un lugar a las personas con discapacidades. Por definición, son personas con habilidades diferentes: son personas con discapacidades, lo que significa que no poseen alguna capacidad que tiene la mayoría de las personas. Debemos acercarnos a ellos, escucharlos, adaptarnos a sus necesidades e ir más allá incluso cuando esos pasos nos lleven por senderos poco conocidos. No existe mayor desafío que este en la educación religiosa. En la mayoría de las parroquias, la educación religiosa, tanto formal como informal, exige más tiempo, más esfuerzo y más recursos que cualquier otra cosa que haga la parroquia. Y con justa razón: no hay nada que sea más fundamental.

Demasiado a menudo, los niños con discapacidades no son incluidos plenamente en este proceso y muchos no son parte en absoluto. Muchos padres suponen que sus hijos no pueden ser parte de un programa diseñado para niños "sin discapacidades". Muchos temen que otras personas en la parroquia no reciban bien a sus hijos. A muchos padres les preocupa que sus hijos fracasen. Los niños con discapacidades como el autismo suelen tener dificultades en los programas de educación religiosa. Las técnicas tradicionales de explicación, diálogo y participación en proyectos grupales no se ajustan a sus estilos de aprendizaje. Muchos catequistas carecen de la formación necesaria para saber adaptar los materiales a las necesidades de niños con dificultades de procesamiento sensorial, con habilidades sociales poco desarrolladas y otras discapacidades.

Es un desafío formar en la fe a niños con este tipo de discapacidades, pero es un desafío que somos absolutamente capaces de superar. El secreto de la enseñanza es la habilidad de presentar material de manera eficaz a niños que aprenden a ritmos diferentes y de diferentes maneras. Los niños con trastorno del espectro del autismo simplemente requieren que utilicemos esta habilidad más de lo habitual. La mayoría de estos niños pueden aprender las ideas y los principios más importantes de la fe católica. Pueden aprender más de lo que los creemos capaces. Lo que se necesita son herramientas y una estrategia para ampliar las habilidades que los educadores religiosos ya tienen para que puedan incluir a niños que no aprenden de la manera en que lo hace la mayoría.

Este libro ofrece un enfoque en la educación religiosa para niños con autismo y otras necesidades especiales. Es un programa que funciona. Cualquier parroquia, o grupo de parroquias, pueden hacer que funcione con los recursos que ya tienen a su disposición en la comunidad de fe local. Y el *Adaptive Finding God Program* [Programa adaptativo Encontrando a Dios] ayuda a lograrlo ofreciendo materiales que desglosan el *Catecismo de la Iglesia Católica* en lecciones simples y concretas, usando herramientas y actividades de enseñanza para distintos niveles y estilos de aprendizaje.

Antes de explicar el enfoque, consideremos lo que la Iglesia ha dicho sobre la educación religiosa de católicos con discapacidades.

Lo que dice la Iglesia

La Iglesia se ha manifestado en varios documentos importantes sobre las necesidades pastorales de católicos con discapacidad. En 1978, la Conferencia Nacional de Obispos Católicos de los Estados Unidos (USCCB, por sus siglas en inglés) emitió el documento *Declaración pastoral sobre las personas con discapacidad*, y en 1995 publicó *Orientaciones para la Celebración de los Sacramentos con Personas con Discapacidades*. Se analizaron cuestiones catequéticas en el *Directorio General para la Catequesis*, publicado por el Vaticano en 1997, y en el *Directorio Nacional para la Catequesis*, publicado por la USCCB en 2005. Las siguientes secciones resumen los puntos más sobresalientes de estos documentos.

Las personas con discapacidades son miembros plenos de la Iglesia

La *Declaración Pastoral de los Obispos Católicos de los Estados Unidos* de 1978 dice: "Las personas con discapacidades. . . buscan servir a la comunidad y disfrutar los plenos derechos bautismales que los demás miembros de la Iglesia" (núm. 33).

Este es el principio fundamental que debemos tener en cuenta cuando pensamos en personas católicas con discapacidades. Cada católico bautizado es un miembro pleno de la Iglesia. Este punto parece obvio, pero en realidad no lo es. Solemos asignar estatus o categorías especiales a diversos católicos, pero hacerlo tiene sus riesgos. Se ha colocado a los católicos con discapacidades en una categoría de "personas especiales", separadas de los demás. La *Declaración Pastoral* nos recuerda que las personas con discapacidades tienen la misma identidad y el mismo derecho de participar plenamente en la vida de la Iglesia como cualquier otra persona.

La Iglesia no está completa a menos que las personas con discapacidades participen plenamente en su vida

Según la *Declaración Pastoral* de 1978, "la Iglesia encuentra su verdadera identidad cuando se integra plenamente con [personas con discapacidad]" (núm. 12).

Esto emana directamente del principio que indica que las personas con discapacidades son miembros plenos de la Iglesia. La palabra *católico* significa "universal". La comunidad de fe se empobrece cuando se excluye a las personas con discapacidades (o a cualquier otra persona) o cuando no se les permite participar plenamente en ella. Nos hace ser menos de lo que deberíamos ser. Por ello, el principio de inclusión tiene una importancia trascendental. La Iglesia no es inclusiva por accidente ni cuando sea simplemente conveniente,

> La comunidad de fe se empobrece cuando se excluye a las personas con discapacidades (o a cualquier otra persona) o cuando no se les permite participar plenamente en ella.

asequible o sencillo. Por su propia naturaleza, la Iglesia incluye a todas las personas en el mayor grado posible.

Las personas con discapacidades tienen cosas que ofrecer

Las Orientaciones para la Celebración de los Sacramentos con Personas con Discapacidades de la USCCB indica que "Todos los seres humanos son iguales en dignidad ante Dios. Es más, en virtud de su Bautismo, todos los católicos también comparten la misma llamada divina". Sobre las personas con discapacidad, el *Directorio Nacional para la Catequesis* dice: "Su participación enriquece todos los aspectos de la vida de la Iglesia. No son solo los receptores de la catequesis, también son sus agentes" (núm. 49).

Todos los católicos, entre ellos los católicos con discapacidades, son capaces de proclamar el Evangelio y de ser testigos de la verdad de la Salvación que viene por medio de Cristo. Las personas con discapacidades hacen que la Iglesia sea la comunidad inclusiva y universal que debe ser. Gracias a su amor, generosidad y sufrida paciencia, las personas con discapacidades demuestran aquellas virtudes que todos los cristianos desean.

En la parroquia es donde se da la inclusión

Según la *Declaración Pastoral* de 1978: "La parroquia es la puerta de participación de las personas con discapacidades, y es responsabilidad del pastor y de los líderes laicos asegurarse de que esta puerta esté siempre abierta" (núm. 18).

En la medida en que sea posible, los católicos con discapacidades viven su vida como católicos en parroquias, no en programas especiales que se implementan lejos de su comunidad parroquial. La parroquia es donde adoran, sirven y reciben su educación religiosa. La responsabilidad de asegurarse de que se les atienda adecuadamente recae directamente sobre el liderazgo pastoral. Por suerte, muchos feligreses suelen tener habilidades, intereses o talentos latentes y pueden cumplir con esta responsabilidad de maneras solícitas y creativas.

Los programas y los servicios deben ajustarse a las capacidades y circunstancias particulares de las personas con discapacidades

El *Directorio General para la Catequesis* nos insta a desarrollar "itinerarios adecuados y personalizados" para las personas con discapacidades (núm. 189).

Para que la catequesis sea efectiva, los educadores deben adaptar los materiales existentes, desarrollar nuevos materiales y métodos, y adoptar nuevos enfoques para el aula. Esto significa que deben entender la capacidad de cada niño lo suficiente como para diseñar y adoptar estrategias de enseñanza eficaces. Este libro pretende ayudar a los líderes catequéticos a lograrlo.

No hay excusas

En su exhortación apostólica *Catechesi Tradendae* (*Sobre la catequesis en nuestro tiempo*) el Papa Juan Pablo II escribió que los niños con discapacidades "tienen derecho a conocer como otros niños de su edad el 'misterio de la fe'" (núm. 41). El *Directorio Nacional para la Catequesis* dice que "la Iglesia está obligada a hacer todo lo posible en beneficio de las personas con discapacidades, para que quede en claro que son capaces de escuchar el Evangelio de Cristo, recibir los sacramentos y crecer en la fe de la manera más plena y rica posible" (núm. 49).

La parroquia debe brindar a las personas con discapacidades un acceso significativo a la catequesis y a los sacramentos. Es una cuestión de justicia. Es una cuestión de ser lo que debemos ser: el Cuerpo de Cristo.

Niños con discapacidades en la parroquia

Los niños con discapacidades deben ser aceptados en la parroquia tal como se acepta a todos los feligreses. Los párrocos y los líderes catequéticos deben acercarse a ellos, entender sus discapacidades y satisfacer las necesidades individuales de cada niño en particular. En muchos casos los educadores parroquiales deberán buscar e identificar a estos niños. Los padres de familia pueden sentir aprehensión sobre el modo en que la parroquia acogerá a sus hijos y si esta podrá ajustarse a sus necesidades especiales. Ciertamente una de las tareas más importantes es educar a la parroquia en general sobre las necesidades de los feligreses con discapacidades. Las siguientes secciones presentan algunas de las tareas que los ministros parroquiales deberán cumplir.

Comprender las discapacidades (y las capacidades)

El ministerio con niños con discapacidades comienza con la comprensión. No es necesario que te conviertas en un experto, pero sí debes saber lo suficiente sobre las discapacidades del niño para decidir lo que necesita y cómo satisfacer esas necesidades.

La mejor fuente de información suelen ser los padres del niño. Los padres conocen al niño mejor que nadie, y muchos de ellos han alcanzado un conocimiento considerable sobre las discapacidades particulares de su hijo. También podrás apelar a la experiencia de profesionales en el campo de educación especial. Algunos quizás sean miembros de tu parroquia. Al mismo tiempo, es importante no crear etiquetas ni estereotipos para los niños. Un buen enfoque es concentrarse en lo que el niño *sí sabe* hacer y a partir de ahí construir sobre sus fortalezas. Es especialmente importante comprender la manera en que el niño se comunica y cómo aprende mejor.

A veces esta tarea es relativamente clara; a veces, es bastante difícil. El problema radica en que los niños con autismo no suelen comunicarse con facilidad, y esto dificulta poder evaluar sus capacidades. George, un joven con autismo, ilustra algunos de estos desafíos. Cuando estaba por ingresar al jardín de niños, George obtuvo 64 en una prueba de coeficiente intelectual, un número que lo ubicaba en el rango de discapacidad intelectual leve. Diez años más tarde George obtuvo 72, lo que lo ubicó en el límite del funcionamiento intelectual normal. Cuando George tenía veintiún años, una agencia vocacional estatal le realizó una tercera prueba de coeficiente intelectual; esta vez George obtuvo 94, un resultado que lo ubicó en el rango promedio de inteligencia. En cada ocasión, el psicólogo que llevó a cabo la prueba certificó que los resultados eran correctos. Se cree que el coeficiente intelectual de una persona es la medida de una capacidad innata que no cambia durante la vida de la persona. ¿Por qué, entonces, el coeficiente intelectual de George cambió tan radicalmente?

Creo que en todo momento la inteligencia de George era promedio. El autismo es una condición que afecta la capacidad de una persona de procesar información por medio del lenguaje y los datos sensoriales. Cuando era pequeño, George no tenía el lenguaje, la capacidad de procesamiento o la confianza para expresar sus capacidades intelectuales verdaderas. Con el tiempo, a George le fue mejor con las pruebas y aprendió cómo compensar la deficiencia en la capacidad de procesamiento. A menudo es difícil darse cuenta de qué es lo que sabe un niño con autismo. El caso de George es un ejemplo de por qué es importante evitar las etiquetas y, en cambio, diseñar un enfoque instructivo que se ajuste a las capacidades de cada individuo.

Crear relaciones

Las relaciones son el centro de la catequesis. El propósito de la catequesis es ayudar a que las personas tengan una relación con Dios. Podemos lograrlo en gran parte mediante la relación que construimos con otras personas en la parroquia. En especial, las relaciones que los mentores desarrollan con los niños a los que enseñan y con sus padres son la clave para brindar educación religiosa personalizada.

No siempre es fácil construir relaciones. Los ministros parroquiales deben lidiar con barreras que afectan las buenas relaciones. La comunicación puede ser difícil. Muchos niños con autismo no pueden procesar información con la rapidez de otros niños. Les lleva más tiempo entender lo que les dices. Les lleva más tiempo responderte. A veces la respuesta se puede demorar mucho: hasta un minuto o más. Que esto no te desanime. A veces pareciera que los niños te ofrecen resistencia y que se comportan mal a propósito. Pero por lo general no es así; no pueden procesar información como otros niños suelen hacerlo.

Los estilos de aprendizaje en los niños con autismo son variados. Puesto que tienen dificultades con el lenguaje, los niños con autismo y otras discapacidades suelen aprender mejor cuando el material se les presenta visualmente o como una historia. Les gusta la estructura, la rutina y la predictibilidad. Cuando enseñes a estos niños en la catequesis, es importante prepararlos anticipándoles cosas que pueden causarles ansiedad, repitiendo frecuentemente, y haciendo las oraciones y los conceptos catequéticos más visuales.

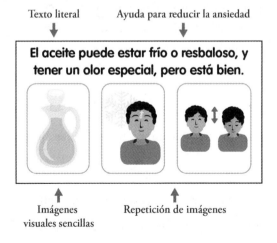

Texto literal   Ayuda para reducir la ansiedad

El aceite puede estar frío o resbaloso, y tener un olor especial, pero está bien.

Imágenes visuales sencillas   Repetición de imágenes

La mayoría de los niños tienden a ser egocéntricos; los niños con autismo muestran esta característica con mucha frecuencia. Parecen ser muy egocéntricos y no tener muy en cuenta las necesidades de los demás. No se trata de una falla moral, sino que es una deficiencia directamente atribuible a la discapacidad misma. Los niños con autismo suelen tener grandes dificultades para comprender que otras personas tienen su propia forma de pensar, y esto se manifiesta en momentos de estrés. Por ejemplo, es posible que un joven con autismo sienta que la muerte de su madre es un ataque personal contra él y no se percata de que su padre y sus hermanos también sienten un profundo dolor. Quizás culpe al médico, o a Dios, o incluso al párroco.

Los niños con autismo no suelen hacer contacto visual. Esto se debe a que no comprenden las emociones y les inquietan los sentimientos que perciben en los ojos de otras personas. No te enfades cuando los niños no te miran a los ojos ni respondan cuando les hables. No es algo personal, sino una característica de la discapacidad.

Los ministros parroquiales deben tener en cuenta estas cuestiones al momento de crear relaciones. Recuerda que las respuestas tardías, los problemas con el lenguaje, el egocentrismo y otras características son consecuencia de un trastorno en el desarrollo. No son defectos de carácter que puedan corregirse ni hábitos que un niño pueda modificar si intenta con todo su empeño. La condición del espectro del autismo es permanente y de por vida. Las consecuencias sociales e intelectuales pueden manejarse hasta cierto grado, pero no pueden eliminarse.

Brindar catequesis personalizada

Los niños necesitan una educación religiosa que se ajuste a sus necesidades individuales. Puede ser que aprendan de manera distinta, o que se relacionen de manera distinta a la de otros niños. En muchos casos la naturaleza de su discapacidad pone límites a lo que son capaces de entender y al grado en que pueden participar de la vida parroquial común. Al mismo tiempo, los feligreses con discapacidades tienen la misma necesidad que cualquier otra persona de experimentar las riquezas espirituales de la Iglesia católica. Como todos los demás, necesitan la misa, los sacramentos y la oración.

El objetivo es la inclusión, pero, ¿qué significa esto para las personas cuyas discapacidades las hacen diferentes? El riesgo constante es que nos conformemos con una inclusión parcial y reticente. Todos lo hemos vivido. Es como que te inviten a una fiesta donde no seas del todo bienvenido. Es como unirte a un grupo y sentir que no perteneces a él, que las demás personas del grupo se sentirían mejor si tú no estuvieras ahí.

Este libro propone un modelo de inclusión para niños con discapacidades que los incluye en la vida católica de manera tal que aprovecha sus capacidades al máximo, edifica sus puntos fuertes y compensa sus discapacidades. El modelo se apoya en los mentores que son compañeros de los niños y que brindan instrucción personalizada, utilizando una variedad de técnicas y materiales creativos para comunicar los conceptos de la fe y los sacramentos de maneras adecuadas para niños con distintas discapacidades. De esta manera crecen en la vida católica tan profundamente como les sea posible y son incluidos tan plenamente como les es posible cuando son confirmados.

Educar a la parroquia

Uno de los desafíos más importantes que afrontan los líderes parroquiales es la tarea de educar a la parroquia. A algunos feligreses les incomoda ver a personas con discapacidades o las consideran "diferentes". Algunos niños con autismo manejan la ansiedad y la sobrecarga sensorial mediante conductas autoestimulatorias, conocidas como "estereotipias": sacudir las manos, brincar o hacer ruidos. Muchos tienen deficiencias en sus habilidades sociales. No establecen contacto visual, no saben interpretar indicadores sociales, no responden bien a preguntas ni reaccionan a las instrucciones. Su presencia puede hacer que la misa del domingo sea una ocasión más animada de lo que a muchos feligreses les agrada.

Una reacción habitual es que los feligreses eviten a los niños con autismo u otras discapacidades. A menudo no se invita las personas con discapacidades a cumplir funciones visibles de servicio. No se consideran sus necesidades al momento de planificar eventos parroquiales. Con demasiada frecuencia las personas con discapacidades son completamente ignoradas. Es posible que los padres no lleven a sus hijos con discapacidades a misa ni los hagan participar de la educación religiosa por temor a que no se les acoja ni se les comprenda. Cuando esto sucede, toda la comunidad se ve afectada.

Los líderes parroquiales deben realizar un esfuerzo conjunto para hacer que la parroquia sea una comunidad más acogedora e inclusiva. Los feligreses con discapacidades, tanto niños como adultos, deben ser invitados a participar plenamente. Su presencia debe ser reconocida abiertamente, desde el púlpito y en otros foros públicos. La parroquia debe salir a su encuentro, saludarlos afectuosamente y hacer los ajustes que sean necesarios para incluirlos.

El segundo capítulo del Evangelio de Marcos narra la historia en que Jesús sana a un paralítico. Cuatro de sus amigos lo habían llevado en una camilla hasta la casa de Jesús. Al haber demasiadas personas en la casa, los hombres hicieron un agujero en el tejado y bajaron a su amigo y lo colocaron ante la presencia de Jesús. Los cuatro hombres se esforzaron mucho para llevar a su amigo hasta Jesús. Debemos ser como ellos: dispuestos a hacer lo que sea necesario para llevar a nuestros hermanos y hermanas con discapacidades a la vida de nuestras parroquias. Debemos hallar maneras creativas para que ellos puedan recibir el amor sanador de Cristo.

Conocer a Nick

La historia de Nick ejemplifica muchas de las tareas y desafíos de los que he hablado. Nick es un niño de doce años con parálisis cerebral que camina con ayuda de un andador. Tiene una pérdida importante de la audición, y debido a su discapacidad de motricidad fina le resulta difícil ingerir alimentos. Nick sabe leer, pero la mayor parte del tiempo no habla con la claridad suficiente para ser entendido y utiliza un dispositivo de comunicación para hablar.

Cuando Nick llegó al programa de educación religiosa, nuestro primer paso fue reunirnos con sus padres para entender su condición y preguntar qué es lo que ellos querían que la parroquia hiciera por su hijo. ¿Querían que recibiera educación religiosa completa, o simplemente querían que pudiera asistir a misa? ¿Querían que se lo preparara para recibir los sacramentos? ¿Querían que recibiera instrucción privada individual, o querían que fuera parte de una clase más grande de educación religiosa? Es muy importante escuchar atentamente a los padres y, si es posible, también al niño. La primera pregunta es: "¿Qué es lo que quieres?".

Los padres de Nick estaban nerviosos. Querían que su hijo recibiera una educación religiosa lo más completa posible, pero les inquietaba pensar en cómo sería recibido. Las deficiencias de motricidad fina de Nick le dificultaban el control de la saliva. Constantemente se limpiaba la boca y a veces babeaba. En varias ocasiones la gente había reaccionado a esto con repugnancia. Esto preocupaba y ofendía a sus padres, y por esta razón no solían llevarlo a misa.

Nick se unió a la clase de educación religiosa, pero gran parte del tiempo de clase lo pasaba con una joven de dieciséis años que había sido capacitada como mentora de la fe para niños con discapacidad. Nick se relacionaba mejor con un compañero de edad similar que con un adulto, lo cual es algo que he descubierto es común en niños con discapacidades; a decir verdad, en la mayoría de los niños. Nick comenzó a asistir regularmente a misa. Utilizaba un aparato auditivo y seguía la misa con la ayuda de una guía detallada. Hablamos con los padres de Nick y con su médico sobre cómo debería recibir la Eucaristía, y se decidió que solo la recibiría en la forma de la Preciosa Sangre.

Nick se fue convirtiendo en un miembro de la parroquia. Sus discapacidades están ahí, a la vista de todos: utiliza un andador, tiene dificultades para expresarse con claridad, y a veces babea. Pero es muy sociable y agradable, y las personas que pasan tiempo con Nick lo aprecian mucho.

Somos una mejor parroquia porque Nick es parte de ella.

2

El autismo y otras necesidades especiales

Aunque mi área de conocimiento y experiencia profesional es el autismo, el programa que implementé en mi parroquia también ha tenido éxito con niños que tienen otras discapacidades. Las discapacidades se presentan en formas variadas y en diversos grados de severidad. Estos son algunos de los estudiantes que se inscribieron recientemente en nuestro programa:

Anne, de nueve años, tiene una capacidad visual muy limitada. No puede apreciar mucho de lo que ocurre en el altar durante la misa. Puede leer cierto material usando un dispositivo especial.

Nick, de doce años, tiene parálisis cerebral. Ha perdido notablemente la audición y no puede hablar. Camina con ayuda de un andador.

Josh, de diez años, tiene una forma de autismo de alto funcionamiento. Le resulta difícil interactuar con maestros y compañeros y se distrae fácilmente en entornos nuevos. No presta demasiada atención en clase, pero su inteligencia está por encima del promedio.

Denise, de nueve años, tiene autismo severo. No habla. Es difícil saber qué es lo que entiende, y suele inquietarse en la iglesia y en clase.

Mark, de diez años, tiene síndrome de Down. Su capacidad intelectual es limitada. Tiene una personalidad muy agradable. Todo el mundo quiere a Mark.

Cada uno de estos niños se beneficia de la instrucción personalizada. El primer paso consiste en comprender sus discapacidades.

Estas deficiencias relacionadas con las discapacidades pueden afectar la capacidad de las personas para cuidar de sí mismas, para comunicarse, para movilizarse y para vivir de manera independiente. Algunas deficiencias son sensoriales: implican pérdida de la visión o de la audición. Otras son físicas y afectan la capacidad de caminar, el control de la motricidad fina, y la coordinación y el movimiento. Y otras son neurológicas, entre ellas el autismo, la epilepsia y otras enfermedades convulsivas. En muchos casos, las discapacidades afectan el funcionamiento intelectual.

Autismo

La discapacidad que mejor conozco y la que más observan los educadores religiosos es el trastorno del espectro del autismo. El término *espectro* se refiere al hecho de que las deficiencias de las personas van de relativamente leves a severas. Los trastornos del autismo se diagnostican observando el comportamiento de un niño y su desarrollo en la primera infancia. El autismo es un trastorno que dura toda la vida y que no tiene cura, pero si se lo diagnostica correctamente se puede manejar de manera satisfactoria. No existen en la actualidad análisis de sangre ni exámenes genéticos para detectar el autismo. El autismo no es una enfermedad mental ni un trastorno psiquiátrico. Como regla general, los niños con autismo no necesitan medicación, psicoterapia ni tratamiento psiquiátrico. Necesitan ayuda para llevar adelante su vida.

Cada persona con autismo es diferente, pero comparten ciertas características comunes. Muchas de estas cosas se ilustran en el caso de Anthony, un joven que conocí primero en el plano profesional como psicólogo, y más tarde en nuestro programa adaptativo de educación religiosa. El desarrollo de Anthony no avanzaba según los parámetros normales. No respondía muy bien a las señales verbales y no parecía mirar mucho a su madre. No hablaba. A los padres de Anthony les llevó tiempo darse cuenta de que algo andaba mal. Anthony era su primer hijo; al igual que muchos padres primerizos, no tuvieron demasiado contacto con otros niños como para establecer una comparación. Lo llevaron a un audiólogo cuando tenía dos años, pero no parecía tener problemas auditivos. Después lo llevaron a un terapeuta del lenguaje. Poco después, a Anthony le diagnosticaron autismo. Hasta los nueve años no dijo más de una o dos palabras seguidas. Expresaba su frustración cuando no era comprendido golpeando su cabeza contra el escritorio y gritando. A veces se daba puñetazos en el rostro. No respondía con normalidad al dolor.

Cuando Anthony por fin pudo hablar, respondía con lentitud. Si sus padres, un maestro u algún otro niño le hacían una pregunta, Anthony tardaba mucho en responder; a veces hasta noventa segundos. Cuando finalmente expresaba la respuesta, era por lo general correcta, pero la otra persona, frustrada con la espera, ya no estaba ahí para escucharla. Con esta deficiencia en el lenguaje, Anthony no podía tomar una prueba estándar de coeficiente intelectual. Sus maestros pensaban que su inteligencia era baja, e intentaban integrarlo a un currículo orientado a adquirir habilidades básicas. Sus padres insistían en que se le diera instrucción escolar regular.

Anthony llegó a nuestro programa de educación religiosa cuando tenía catorce años. Su mentora en la fe era Lily, una estudiante de noveno grado. En una de las primeras clases, Lily mencionó la idea del pecado y Anthony preguntó: "¿Te refieres a Caín y Abel?". De manera lenta y metódica contó la historia del Antiguo Testamento sobre Caín y Abel. El padre de Anthony y yo fuimos testigos; ambos estábamos atónitos. Yo había sido el psicólogo de Anthony durante cinco años, pero esta fue la primera vez que lo había escuchado decir más de unas palabras la vez. Su padre no tenía la menor idea de cómo Anthony conocía la historia de Caín y Abel. Ni él ni la madre de Anthony le habían contado la historia. Nadie sabía cómo un muchacho que se suponía que padecía una discapacidad intelectual pudiera sacar la historia de la nada apenas su mentora mencionó el concepto de pecado.

Esto ilustra algo que repetiré a menudo en este libro: las personas con autismo suelen ser incapaces de entender lo que pasa en la mente de los demás, pero lo contrario también es cierto. No sabemos lo que pasa en la mente de las personas con autismo. Anthony me recordó lo importante que es en mis interacciones con las personas con autismo, completar mis pensamientos y explicar las cosas con claridad, aun si la persona no me aporta ningún comentario o ni siquiera parece estar escuchando. A menudo las personas con autismo saben mucho más de lo que crees.

Anthony fue confirmado a los veinte años. Aprendió sobre los dones del Espíritu Santo y puede explicarlos. Dice oraciones comunes y puede participar en algunas actividades de pequeños grupos, aunque prefiere pasar tiempo solo. Va a misa y parece que la entiende. Recibe la Eucaristía con regularidad. Anthony es un miembro que participa activamente en su parroquia.

El autismo es. . .

El autismo es un trastorno de la capacidad cerebral de procesar información. La información sensorial se desordena. La capacidad del lenguaje se ve afectada. Las personas con autismo no comprenden las señales verbales ni las no verbales, tampoco las pistas, el lenguaje corporal y las emociones que conforman la sutil red de la interacción social en la que todos vivimos. No se conoce la causa del autismo. Puede producirse por mutaciones genéticas. Puede producirse por combinaciones de genes normales. Puede ser una condición con base genética que se dispara a partir de factores ambientales. No lo sabemos. Pero no es algo fuera de lo común. Según el *Center for Disease Control National Health Statistics Report* [Informe de estadísticas nacionales sanitarias del Centro para el Control de Enfermedades] de marzo de 2013, alrededor de uno de cada cincuenta niños tiene autismo. El autismo es cuatro veces más prevalente en niños que en niñas.

El autismo es una discapacidad de desarrollo que se manifiesta en la primera infancia, y se diagnostica con la observación de habilidades sociales reducidas, comunicación limitada, conductas repetitivas y un rango limitado de intereses y actividades.

Habilidades sociales: Sin orientación ni enseñanza, los niños y los adultos con autismo suelen mostrar una baja capacidad de respuesta a los miembros de la familia y una capacidad limitada de interacción con los demás. Por lo general no saben ni entienden cómo participar en interacciones sociales sencillas. Por lo general los niños con autismo juegan solos. No saben cómo comenzar o a veces cómo seguir conversaciones durante el juego. No pueden prever ni sacar conclusiones o deducciones lógicas y paralelas debido a su déficit en el funcionamiento ejecutivo. Suelen no tener la capacidad de relacionar la experiencia pasada con la acción presente o de planificar y organizar. Por consecuencia, es raro que tengan éxito al momento de relacionarse con otras personas.

Habilidades comunicativas: El desarrollo deficiente y tardío del lenguaje es otra característica del autismo. Algunas personas con autismo nunca desarrollan lenguaje funcional. Muchos tienen un léxico bastante limitado. Aun aquellos capaces de un habla compleja muestran anormalidades como ecolalia (repetición de palabras dichas por otras personas), uso poco convencional de palabras y entonación no habitual. Como se dijo anteriormente, las personas con autismo suelen tener dificultad con la comunicación no verbal, por ejemplo, con el contacto visual; el lenguaje corporal; y la interpretación de expresiones faciales, no verbales y sociales.

Comportamiento rígido y restringido: Las personas con autismo suelen tener intereses reducidos y poco habituales. Por ejemplo, mi amigo Anthony lee con obsesión acerca de la Guerra de Independencia. Puede narrar detalles precisos de batallas y los nombres de los oficiales. Muchas personas con autismo mantienen rutinas fijas y pueden angustiarse cuando se interrumpen esas rutinas. Muchos, sobre todo de niños, suelen tener múltiples problemas sensoriales; por ejemplo, son quisquillosos con la comida debido a su textura u olor; les molestan los materiales, las etiquetas o las costuras en sus prendas; y son altamente sensibles al ruido.

Estereotipias: Las personas con autismo suelen tener estereotipias. Algunos ejemplos incluyen sacudir de manos, brincar, mecerse hacia adelante y hacia atrás y hacer ruidos. Las estereotipias funcionan como comunicación; son una manera de expresar frustración, felicidad o entusiasmo. También son una reacción al estrés. Los niños con autismo suelen tener hipersensibilidad a lo que ven y a lo que escuchan, y su capacidad de procesar información sensorial es deficiente. Por eso alivian la ansiedad y la confusión que sienten o se expresan por medio de las estereotipias.

El autismo es un trastorno del desarrollo. La palabra clave es *trastorno*: el desarrollo de personas con autismo está averiado; no es una deficiencia que se manifiesta de manera uniforme. Por ejemplo, un niño con síndrome de Down puede tener el funcionamiento de crecimiento de un niño de seis años en todas las áreas de habilidades (sociales, del lenguaje, conductuales), y ese nivel de funcionamiento persistirá durante toda su vida. Una persona con autismo puede tener funcionamiento bajo en algunas áreas y funcionamiento promedio e incluso por encima del promedio en otras. Alrededor del 2 por ciento de las personas con autismo tienen capacidades típicas de prodigios. Por ejemplo, un niño con autismo puede no ser capaz de entablar una conversación simple pero sí puede nombrar a los jugadores de los treinta equipos en la Liga Mayor de Béisbol, o resolver con rapidez cálculos matemáticos complejos sin utilizar papel ni calculadora.

El autismo es	El autismo no es
Un trastorno de la capacidad del cerebro para procesar información.	Un trastorno psiquiátrico ni una enfermedad mental.
Una discapacidad del desarrollo que afecta las habilidades sociales, conductuales y comunicativas.	Una etapa pasajera.
Un trastorno que ocasiona variabilidad en el funcionamiento. Las personas con autismo no presentan las mismas dificultades.	Un resultado de la crianza, del estrés en el hogar o de espíritus malignos, castigo de Dios.

La variabilidad en el funcionamiento es motivo de muchas angustias y frustraciones para los padres y otras personas que interactúan con personas con autismo. Quizás piensen: "Si puede hablar sobre autos con tanto detalle, ¿por qué no puede hablarme cuando le hago una pregunta? Si puede multiplicar cifras de cinco dígitos en la cabeza, ¿por qué no responde cuando su madre lo abraza?". Pero las personas con autismo no pueden hacerlo. Su discapacidad tiene que ver con el desarrollo. Algo falta que no puede ser provisto: deben aprender estas habilidades que para ti y para mí son innatas. Las personas con autismo pueden aprender a compensar sus deficiencias, muchas veces siguiendo cuidadosamente comportamientos pautados, pero esto requiere intervención.

Lo que no es el autismo

Es importante aclarar lo que no es el autismo. No se considera un trastorno psiquiátrico ni una enfermedad mental. Estas cuestiones consisten en patrones clínicos significativos o síndromes arraigados en la vida cotidiana del individuo, su química cerebral u otras causas. Los síntomas de los trastornos psiquiátricos suelen modificarse con el tiempo. Suelen tratarse. Por contraste, el autismo es un trastorno del desarrollo que dura toda la vida y es relativamente estático.

El autismo no es una fase pasajera. Las deficiencias neurológicas presentes en el nacimiento estarán siempre presentes. Se manifestarán de manera diferente a medida que una persona avanza en edad, y muchas veces pueden manejarse, pero no presentarán cambios sustanciales. Los maestros pueden ayudar a las personas con autismo a trabajar con algunas de estas deficiencias y a manejar, pero no pueden ayudarlas a "mejorarlas". Incluso quienes se encuentran en el nivel más leve del espectro pueden volver a mostrar estereotipias en momentos de enfermedad, dolor o estrés severo.

El autismo no es ocasionado por una crianza deficiente en el hogar ni por otros factores psicológicos en el entorno del niño. No es causado por espíritus malignos. No es un castigo de Dios por los pecados de los padres. El autismo puede ocurrir en cualquier familia. Esta condición se encuentra en todas las sociedades y en todos los grupos raciales y étnicos.

En las personas con autismo, las estereotipias y otros comportamientos poco habituales asociados con el autismo no son intencionales. No son acciones hostiles con la intención de interrumpir al grupo ni estratagemas para salir de clase. Son maneras de comunicación o reacciones al entusiasmo, al estrés y a la confusión ocasionadas por el procesamiento defectuoso de los estímulos sensoriales. No hay nada que debamos tomar de manera personal.

Teoría de la mente y funcionamiento ejecutivo

Dos conceptos de la psicología nos ayudan a entender mejor a las personas con autismo: la teoría de la mente y el funcionamiento ejecutivo. La teoría de la mente es la capacidad de comprender que otras personas tienen creencias, deseos, actitudes y sentimientos que son distintos de los propios. Se le llama teoría pues la mente no es algo directamente observable. Cada uno de nosotros sabe por intuición que tenemos una mente: en el desarrollo normal, los niños muestran un entendimiento desde temprano de la teoría de que otras personas también tienen mentes. La validez de esta teoría se comprueba cada vez que discernimos lo que los demás piensan o sienten y se demuestra que es correcta. La teoría de la mente es la base para la empatía. No podemos forjar relaciones estrechas sin la empatía.

Las capacidades de la teoría de la mente suelen ser deficientes en personas con autismo, pues tienen dificultad para comprender que otros piensan distinto a ellos. No comprenden que las cosas que les suceden a ellos también les suceden a otras personas, y que otras personas se sienten felices, frustradas y entusiasmadas como resultado. Esta deficiencia es la causa del egocentrismo que se suele observar en personas con autismo. Literalmente están atrapados en sí mismos.

Además, las personas con autismo suponen que los demás comparten sus experiencias. Sienten que no hace falta explicar nada, pues suponen que sabemos exactamente lo que piensan. (¿Qué otra cosa pensaríamos?). Un hombre no tiene que explicar por qué llegó tarde al trabajo puesto que su jefe ya lo sabe. Una niña no le dirá a su madre por qué está enojada pues su madre ya lo sabe. Un niño supone que a todos les interesan como a él los planteles de los equipos de la liga mayor de béisbol y los detalles de la Guerra de Independencia.

Nosotros "leemos la mente" todo el tiempo. Leemos rostros, captamos señales del lenguaje corporal y prestamos atención a los matices en el tono cuando los demás hablan. Discernimos cuándo es adecuado sonreír, fruncir el ceño, reír y hablar. Imagina cómo puede ser la vida para alguien que no puede hacer todo esto. Pueden hablar largo y tendido sobre su tema favorito pasado el punto en que un oyente amable ha comunicado en una veintena de maneras no verbales que es hora de pasar a otra cosa. Es posible que rían en un funeral, que no te den las gracias por tus regalos o que se enojen cuando se les llama para cenar.

El autismo y la teoría de la mente	
Las personas con autismo suelen tener dificultad para comprender la perspectiva de los otros, de ponerse en el lugar del otro.	Cómo pueden ayudar los catequistas, los maestros y otras personas.
Dificultad para explicar su propio comportamiento.	Enseñar los conceptos de las emociones y sentimientos.
Dificultad para comprender las emociones.	Enseñar a reconocer que los demás tienen su propio estado de ánimo.
Dificultad para predecir los comportamientos o los estados emocionales de los demás.	Enseñar cómo leer las señales no verbales y sociales.
Problemas para comprender las perspectivas de otros.	Repasar diferentes perspectivas.
Problemas para deducir las intenciones de los demás.	Practicar situaciones sociales.
Falta de comprensión de que el comportamiento de uno afecta la manera de pensar y sentir de los demás.	Juegos de rol/ensayos.
Problemas con la atención conjunta y otras convenciones sociales.	Participar en actividades o juegos colaborativos que no afectan a las sensibilidades sensoriales de los niños.
Problemas para distinguir entre la realidad y la ficción.	Respaldar conceptos abstractos con guiones escritos y ayudas visuales.

La vida social es caótica y dolorosa para personas con déficit en la teoría de la mente, por eso aprenden estrategias que las ayudan a lidiar con esto. Una estrategia consiste en seguir reglas y rutinas. Cuando no sabes qué se espera de ti, el aferrarte a una rutina fija hace la vida más predecible y con menos sorpresas. Las personas con autismo suelen desarrollar reglas altamente detalladas y se molestan mucho cuando se les pide que las modifiquen. Otra estrategia para sobrellevar esta situación consiste en imitar lo que hacen los demás en situaciones sociales. Esto ayuda, pero como la persona no comprende los matices del comportamiento social, la imitación es, en el mejor de los casos, una solución parcial. Una vez presencié un ejemplo incómodo en un bautismo que presidí. Después de la ceremonia, un joven con autismo observaba atentamente cuando los familiares se acercaban a la madre y la saludaban con besos y abrazos. El joven no era parte de la familia de la mujer y no se conocían. No obstante, se acercó a la mujer e intentó abrazarla y besarla: se ofendió cuando ella lo rechazó. Él había cometido un error al pensar que los abrazos y los besos son "lo que todos hacen" en los bautizos.

Incapaces de reconocer los matices lingüísticos, las personas con autismo suelen tomar las palabras en sentido literal y creer todo lo que les dicen. Esta tendencia, junto con la incapacidad de entender las señales sociales, puede llevar a desastres sociales. Una persona con autismo puede preguntarle a una mujer por qué es tan gorda o a un hombre calvo por qué su cabeza brilla. No suelen entender los chistes ni comprender cuando otros mienten o engañan. Esto puede tener consecuencias serias. He trabajado con jóvenes con autismo en una prisión juvenil en Pensilvania. Varios de ellos habían hecho "exactamente" lo que un "amigo" les había dicho que hicieran, y no tenían idea de que fuera algo ilegal hasta que fueron arrestados.

Otra discapacidad, una que puede ser aún más problemática, es la deficiencia de lo que los psicólogos denominan funcionamiento ejecutivo. Se trata de la capacidad de manejar procesos cognitivos como la memoria, la atención, la resolución de problemas, el razonamiento y el lenguaje, y utilizar esa información para manejar el futuro. Todos estos procesos deben trabajar en conjunto si una persona debe aprender, comunicarse y trabajar. El funcionamiento ejecutivo nos permite pensar de manera abstracta. Es la capacidad de ser flexibles y de adaptarnos a las condiciones cambiantes.

Para muchas personas con autismo, este manejo es desordenado y confuso. Tienen dificultades para comprender causa y efecto, que algo que hacen ahora afectará los sucesos futuros. Esto hace muy difícil elaborar cualquier tipo de plan. Tienen dificultades para hacer generalizaciones; viven cada situación como si fuera una novedad. Es posible que un niño entienda que dos más dos son cuatro, pero no que cuatro puede obtenerse sumando uno y tres o cuatro y cero. Esta deficiencia dificulta las relaciones. Un niño con autismo que se enamora de su compañera de clase no se desanima si ella lo ahuyenta. Cada día es un nuevo día. Puede volver a acercarse a ella y no comprender que un firme rechazo significa que ella no está interesada en él.

El espectro del autismo

Al describir las manifestaciones del autismo, he utilizado varios calificativos como *a menudo, con frecuencia, a veces, es posible* y *podría(n)*. Eso se debe a que es difícil hacer generalizaciones sobre los síntomas del autismo. El autismo se diagnostica observando el comportamiento, pero el comportamiento observado varía enormemente de una persona a otra. He trabajado con miles de personas con autismo. No hay dos iguales. Por lo tanto, hay algo así como una paradoja. Las discapacidades del autismo son permanentes, pero en la mayoría de los casos las debilidades están acompañadas de fortalezas. Las capacidades intelectuales de una niña pueden ser bajas, pero ella puede usar un lenguaje relativamente sólido. Un niño puede tener habilidades sociales óptimas, pero también puede manifestar estereotipias severas. Es importante observar a los niños con autismo con mucha atención. No supongas nada y edifica sobre sus puntos fuertes.

Los psicólogos explican la variabilidad de síntomas refiriéndose a los trastornos del espectro del autismo. En un extremo del espectro está lo que solía conocerse como

> No supongas nada y edifica sobre sus puntos fuertes.

síndrome de Asperger, una forma de autismo de alto funcionamiento. Los niños con esta condición no tienen problemas con el desarrollo temprano del lenguaje y no presentan las deficiencias cognitivas que tienen otras personas con autismo. Pero sí presentan los otros problemas asociados con el autismo: habilidades sociales deficientes, comportamiento repetitivo, adhesión a rutinas y rituales, y problemas sutiles como evitar el contacto visual y realizar gestos extraños. Muchos niños con alto funcionamiento no son diagnosticados durante muchos años porque su desarrollo intelectual y del lenguaje es normal.

Cuidado pastoral de personas con autismo

El cuidado pastoral de personas con autismo comienza al hacer que la parroquia sea un lugar cómodo y acogedor. Muchos padres de niños con autismo son reticentes a llevar a sus hijos a misa o a clases de educación religiosa. Les preocupa cómo sus hijos podrán lidiar con imágenes y sonidos desconocidas y con el contacto con personas nuevas. Temen que las estereotipias de sus hijos incomodarán a otros feligreses. Los ministros pastorales deben salir al encuentro de estos niños y sus familias y asegurarles que serán bienvenidos.

Por supuesto, los ministros pastorales deben cumplir con esa promesa. En mi parroquia hacemos que las personas con autismo sean visibles. Un hombre de cuarenta años con autismo sirve como ujier. Cada semana tiene la responsabilidad de llenar las fuentes de agua bendita, ayudar con las ofrendas semanales y traer el cesto de comida al altar durante la misa. Un hombre con una deficiencia auditiva severa es lector. Una mujer con síndrome de Down sirve en las misas durante la semana. Los adolescentes con autismo sirven como maestros y auxiliares en mi programa de educación religiosa. La visibilidad crea familiaridad. Cuando las personas ven un ujier con autismo, otras personas con autismo se sienten a gusto en la misa, y es más fácil invitarlos a participar en otras actividades parroquiales. Esto es grandioso.

Yo animo al clero a que hable sobre el autismo y otras discapacidades desde el púlpito. He hecho esto en varias parroquias, y he descubierto que es una manera altamente eficaz de abrir la puerta. Es útil desmitificar las discapacidades y sus comportamientos asociados. Esto fomenta una actitud que prioriza a las personas cada vez que vemos a alguien que resulta tener una discapacidad en vez de ver una persona discapacitada. Cuando hablo por primera vez sobre el autismo en las parroquias, me propongo ir directo al tema de la estereotipia, pues es la preocupación principal de muchas de las personas sentadas en las bancas. Explico que cosas como hacer ruidos, sacudir las manos y brincar son respuestas conductuales a lo que las personas con autismo ven y oyen. Señalo las ventanas con vitrales por las que el sol entra en una mañana de domingo. Menciono los sonidos del órgano, las velas encendidas y las prendas coloridas, y les pregunto a las personas cómo se sentirían si no tuvieran las palabras para describir las emociones que brotan en ellos a causa de estas cosas. Este es el dilema de las personas con autismo: no pueden expresar felicidad y entusiasmo (o ansiedad y aburrimiento) con palabras, y por eso usan acciones.

La afirmación de que no hay sustitutos para la atención personal e individual cuando se trata de cuidado pastoral es algo obvio. Y es ciertamente válido para ministros parroquiales que se relacionan con personas con autismo. La atención individual es la piedra angular del programa de educación religiosa que se describe en este libro. También debe ser el fundamento de otras iniciativas pastorales.

La siguiente historia servirá de ejemplo. Descubrí que una joven madre de dos niños con autismo no venía a misa porque sus hijos no podían permanecer sentados. Reaccionaban a los elementos visuales y los sonidos de la misa con estereotipias severas. Durante dieciocho meses trabajé con la madre para que sus hijos se acostumbraran a la misa llevando un proceso para familiarizarse de manera gradual. Comenzamos caminando por la iglesia antes de que comenzara la misa. Los niños, que tenían una alta percepción de los sonidos y eran demasiado sensibles a estos, jugaron con las teclas del piano. Uno de ellos tocó algunas melodías. Durante semanas la madre y sus hijos se sentaron en los asientos traseros de la iglesia y se quedaban un poco más en cada misa. Al principio escuchaban los anuncios iniciales y se retiraban antes de que comenzara la misa. Después se quedaban hasta el himno de apertura, después hasta la Liturgia de la Palabra. A los niños les llevó cuatro meses poder quedarse durante la lectura del Evangelio. La homilía les resultaba algo difícil de superar. A los niños les agrada la predictibilidad y la rutina, y es difícil predecir una homilía. A veces las homilías son largas, a veces breves, a veces interesantes, a veces aburridas. Les llevó algunos meses más poder sobrellevar la homilía comodamente.

Procedimos a lo largo de la misa a paso firme semana tras semana. Los niños se estaban preparando para recibir la Eucaristía y estaban ansiosos de ver "de verdad" esta parte de la misa. En clase practicaban cómo recibir la hostia no consagrada. A menudo sus mentores adolescentes se sentaban con ellos en la misa. Los niños tardaron casi dieciocho meses en poder asistir a una misa completa desde los anuncios de apertura hasta el himno de salida. Ya no permanecen simplemente sentados: participan. Reciben la Eucaristía, rezan, comprenden lo que pasa en el altar. Los niños (y su madre) participan en la vida de nuestra parroquia hasta donde les es posible. Eso es lo que el buen cuidado pastoral puede y debe lograr.

3

El método de la catequesis personalizada

La mayoría de las parroquias de los Estados Unidos tienen un programa de educación religiosa, y muchas de ellas acogen a niños con discapacidades físicas y del desarrollo. Muchas parroquias utilizan un plan individual de educación religiosa o algo similar para observar las fortalezas y necesidades de aprendizaje de los estudiantes y para realizar adaptaciones según las necesidades individuales de los alumnos. Por suerte, los planes personalizados son cada vez más habituales. A veces los niños con discapacidad son integrados o colocados en clases regulares, pues no requieren adaptaciones especiales.

En cualquier caso, los niños con autismo y otras discapacidades del desarrollo sí tienen necesidades especiales, y las parroquias que adoptan el modelo de integración toman diversas medidas para acoger a estos niños. Algunos programas dejan al criterio del maestro-catequista la tarea de superar las barreras para el aprendizaje. Algunos padres, tutores, catequistas u otros miembros del equipo auxiliar se sentarán con el niño en la clase y brindarán la asistencia necesaria. Algunos programas complementan el enfoque de integración con servicios especiales. Los niños pueden contar con tutorías especiales fuera de clase, o dividir su tiempo entre la clase regular y la instrucción especial en otra aula.

Algunas parroquias tienen clases especiales que complementan la clase integrada, donde los niños con discapacidades se reúnen y aprenden sobre Dios en comunidad. De este modo los niños se relacionen, pero también reciben algún tipo de instrucción especializada. El método individualizado de catequesis que he desarrollado brinda un enfoque alternativo. En este método los niños no son integrados hasta que han sido confirmados. Tampoco se les ubica en un grupo especial para ellos. En cambio, a cada niño se le enseña de manera individual por medio de un mentor y compañero, en un entorno adaptado para niños con deficiencias de procesamiento sensorial y discapacidad intelectual. Este método ha resultado muy eficaz en la preparación de los niños para los sacramentos y para enseñarles los principios básicos de nuestra fe. Según mi experiencia, los niños con autismo aprenden más eficazmente con este método de instrucción.

El programa en pocas palabras

Nuestro programa parroquial ofrece instrucción personalizada ofrecida por mentores adolescentes voluntarios, supervisados por un catequista, un coordinador de programa o un líder catequético. Estos mentores son adolescentes de la parroquia que han sido capacitados para trabajar con niños con autismo y otras necesidades especiales. Los niños y los mentores son colocados en parejas cuidadosamente, y casi toda la instrucción es un trabajo personal e individualizado entre ellos, lo que fortalece la comunicación y la atención. Este enfoque también implica personalizar los materiales y las estrategias a los estilos de comunicación y aprendizaje de cada niño.

Los estudiantes y los mentores trabajan en aulas organizadas para minimizar las distracciones. La iluminación es baja e indirecta. La decoración es sencilla. En la medida en que sea posible, se guardan o ponen de lado muebles, globos terráqueos, plantas y otros materiales educativos. Se intenta, especialmente, proteger el aula del ruido exterior. Los mentores y sus estudiantes trabajan en un entorno tranquilo y sensorialmente neutral.

Los mentores trabajan con planes de clase desarrollados por el coordinador del programa o líder catequético para satisfacer las necesidades de los niños con discapacidades intelectuales y de desarrollo. La enseñanza resalta las historias narrativas y el aprendizaje visual. El currículo abarca los contenidos básicos de un programa de educación religiosa, incluyendo la preparación sacramental para la Eucaristía, la Reconciliación y la Confirmación. Cuando un niño se incorpora al programa, los catequistas, los mentores adolescentes y el personal del programa trabajan con los padres del niño para desarrollar un curso que se adapte a las capacidades y habilidades del niño. Cada niño trabaja para lograr ese objetivo a su propio ritmo. El objetivo general es ver que cada niño sea confirmado como un miembro adulto de la Iglesia católica y que sea acogido y animado a participar en la vida de la Iglesia al máximo de su capacidad individual.

Una característica importante del programa es la participación de los padres de familia. Los padres trabajan con los mentores, ya que los padres conocen las capacidades y el estilo de aprendizaje de su hijo mejor que nadie. Los mentores repasan cada lección con los padres, y se espera que los padres repitan la lección en casa al menos una vez.

Durante la clase, los padres se sientan juntos y participan en un diálogo guiado: en nuestra parroquia el moderador voluntario tiene experiencia trabajando con familias con niños con autismo.

Los niños con autismo suelen necesitar una estructura y una rutina para centrar su atención. Al comienzo de cada año se establece una rutina consistente para la hora de clase. Comenzamos juntos con una canción (por lo general alguno de los padres toca la guitarra, o a veces se usa una grabación), y rezamos juntos algunas oraciones sencillas. Luego cada niño va a una zona tranquila de aprendizaje para trabajar de manera personalizada con su mentor. Los mentores están capacitados para establecer una rutina para trabajar con sus estudiantes. Cada semana se asigna tarea para el hogar. Después de completar la preparación, los estudiantes reciben los sacramentos con el grupo general de educación religiosa, y a menudo asisten a la misa dominical. Debido a que los niños practican los rituales de la misa en clase, suelen adaptarse bien con la congregación. Ocasionalmente se integran al grupo general de educación religiosa en excursiones.

La rutina no cambia, pero el ritmo de aprendizaje varía según cada estudiante. Los mentores no prosiguen con una nueva lección hasta que el estudiante haya dominado la lección actual al máximo de sus capacidades, lo que el mentor determina en conjunto con el coordinador del programa y los padres del niño. El progreso, aunque lento, es a menudo constante. Algunos estudiantes no son confirmados hasta que entran en la adolescencia tardía o llegan a los veinte años. Pero cada niño con necesidades especiales que se ha mantenido en el programa ha sido confirmado con éxito; todos reciben la Eucaristía y el sacramento de la Penitencia y la Reconciliación, y asisten regularmente a misa.

Modelo de plan de clase de 45 minutos	
Pasos típicos	Duración aproximada
Canción u oración inicial Todo el grupo: mentores, estudiantes, padres y líderes Mentores y estudiantes van a zonas designadas para trabajo individual.	5 minutos
Comenzar con experiencia personal La lección individual comienza con la experiencia de vida del estudiante.	10 minutos
Conectar Se presentan los conceptos de la lección en un enfoque personalizado para el estudiante y que se edifica sobre sus puntos fuertes. Se suelen utilizar herramientas de aprendizaje y materiales prácticos.	15 minutos
Concluir La lección termina con un repaso de los conceptos y una oración.	10 minutos
Transición al hogar El mentor habla con los padres sobre la experiencia de la "tarea para el hogar" para que el estudiante refuerce los conceptos de la lección.	5 minutos

Las ventajas de una catequesis personalizada

El método de integración comienza con la clase regular e intenta modificarla con el fin de que se adapte para los niños con discapacidades. Por el contrario, la catequesis personalizada tiene éxito porque se adapta a las necesidades de cada niño. No intenta ajustar a un niño con discapacidades a una clase de niños con estilos de aprendizaje similares y capacidades de procesamiento sensorial normales. Directa y abiertamente reconoce las capacidades y necesidades diferentes de los niños y les permite amoldarse. La catequesis personalizada comienza con niños con discapacidades y diseña las estrategias de aprendizaje que se ajustan a las capacidades y fortalezas únicas de cada niño, y, al mismo tiempo, mantiene un enfoque en su relación con Dios y con los demás.

La historia de Paul ilustra la eficacia de este método. Paul, un niño de siete años con autismo, se unió a la clase regular de educación religiosa para prepararse para la Eucaristía. Desde el principio surgieron problemas. Paul era brillante pero inquieto y su capacidad de atención era muy pequeña. La clase le causaba ansiedad. De tanto en tanto se levantaba de su asiento, salía del aula y corría por el pasillo. El comportamiento de Paul distraía a los otros niños y presentaba a la catequista que daba la clase un dilema difícil. ¿Debería ella continuar dando la clase, o debería seguir a Paul y tratar de hacerlo volver al aula?

Después de un mes con esta situación, la directora de educación religiosa dijo a los padres de Paul que no podría continuar en el programa. Ella mencionó cuestiones de responsabilidad: ¿y si Paul abandonaba el edificio? Pero era claro que ella no creía que Paul pudiera seguir sin problemas en el programa tal como estaba planteado.

Un año más tarde Paul ingresó al programa de educación religiosa adaptativo de mi parroquia. Nos dimos cuenta de que su inquietud no era un problema de conducta, sino de una clase de estereotipia, una respuesta al flujo de información sensorial que lo abrumaba en un entorno grupal. El ruido, los estímulos visuales y las distracciones del aula lo molestaban y solucionaba el problema yéndose del aula. Pero una vez que recibió instrucción en un aula tranquila con un mentor que se concentraba exclusivamente en él, Paul progresó. Recibió la Eucaristía y ahora avanza hacia la Confirmación.

Al igual que Paul, muchos niños con autismo no progresan en clases regulares de educación religiosa en las que no se realizan modificaciones. Para la mayoría de estos niños los cambios traen dificultades. Se adaptan lentamente a los nuevos entornos. El hecho de que los envíen a una nueva escuela con nuevos compañeros con poca estructura es problemático. Muchos niños con autismo no comprenden intuitivamente las reglas de una nueva situación social. No comprenden que los demás piensan de manera distinta a ellos, y no están preparados para el intercambio que permite las buenas relaciones personales. A los niños con autismo les lleva mucho tiempo sentirse a gusto en una clase llena de personas nuevas con personalidades distintas. De hecho, es posible que jamás se sientan a gusto.

Tomemos, como ejemplo, a Jimmy. Como estudiante, Jimmy se ha desempeñado bien en nuestro programa adaptativo de educación religiosa durante seis años, pero cada año tiene dificultades para comenzar. Antes de la primera clase entra a inspeccionar el aula y a repasar las planificaciones para el año con su mentor (que ha trabajado con él desde su tercer año). Él y su mentor pasan las primeras tres semanas de clase simplemente volviendo a habituarse el uno con el otro. Una vez que se establece en su rutina, Jimmy se desempeña muy bien, pero jamás ha estado cómodo con la breve reunión grupal al principio del ciclo de clases. Dudo que alguna vez pueda participar en una clase integrada de educación religiosa.

La mayoría de los niños con autismo tienen una fuerte necesidad de rutina y estructura (aunque no siempre sienten esta necesidad tanto como la siente Jimmy). En aulas típicas, los maestros y los catequistas fijan reglas, por supuesto, pero por lo general cambian las rutinas para mantener el interés de los niños. En las semanas sucesivas quizás muestren un video, enseñen una canción, jueguen un juego, hagan un proyecto de arte en pequeños grupos, den un recorrido por la iglesia y saluden al párroco en una visita especial. Innovaciones interesantes y atrayentes como estas logran estimular a la mayoría de los estudiantes, pero desorientan y confunden a los niños con autismo. Estos niños dependen de la rutina y la predictibilidad para mantenerse estables. La rutina los ancla mientras experimentan circunstancias sorpresivas tales como niños nuevos, ruidos, cambios de temperatura y cosas por el estilo. Sin rutinas, sufren en medio de la confusión y parecen incapaces de hallar su lugar.

A veces por necesidad, los maestros deben usar alguna versión de la lección o un formato para grupos pequeños para enseñar a una clase de considerable tamaño. Esto no suele satisfacer las necesidades de los niños con autismo. Durante la clase, la parte de instrucción de la lección está destinada a niños con capacidades típicas. La parte del trabajo en grupos pequeños ofrece un desafío formidable a los niños con funcionamiento social limitado, quienes posiblemente también tengan problemas auditivos o de procesamiento de información. Tienen mayor éxito con atención individual, pero los catequistas no siempre pueden trabajar con ellos de manera individual en el tiempo disponible de clase.

El aula promedio es un lugar que distrae a los niños con dificultades de procesamiento sensorial. Las luces brillantes y animadas, los ruidos molestos, los proyectos de arte, los banderines coloridos y los tapices, el parloteo incesante de un aula llena de niños, todo esto estimula en exceso y distrae a los niños que tienen dificultades para concentrarse. Casi invariablemente, los niños con autismo reaccionarán a este estímulo y esta confusión mediante estereotipias. Las estereotipias importunan a los demás, por lo que la clase integrada resulta ser un entorno donde el aprendizaje también se dificulta para los niños sin autismo.

La catequesis personalizada, sin embargo, ofrece considerables ventajas para niños con autismo y otras discapacidades.

Beneficios de la catequesis personalizada:

- establece relaciones de confianza
- proporciona compañeros que se convierten en modelos positivos a seguir
- ofrece la comodidad de la predictibilidad en las interacciones humanas
- se adapta a las capacidades y necesidades individuales de cada estudiante
- fomenta la aceptación de respuestas y comportamientos no planificados
- ofrece una estructura de rutina
- ofrece entornos de baja estimulación sensorial basados en las necesidades individuales
- ofrece la flexibilidad de repetir lecciones si es necesario
- fomenta la comunidad inclusiva
- propicia que los jóvenes de la parroquia se involucren en el servicio

---

Inclusión a través de las relaciones

La catequesis personalizada que llevamos a cabo en Nuestra Señora de la Gracia ofrece un programa basado en a las relaciones. Podríamos llamarlo un modelo de inclusión de relaciones. A un nivel más profundo, se trata de construir y fortalecer la relación que el niño tiene con Dios. Esta relación es personal: todos los niños, aquellos que tienen discapacidades y aquellos que no, pueden conocer el amor personal que Dios les tiene. También es comunitario: cada niño se relaciona con Dios como miembro de una comunidad de fe, que se vive principalmente en su parroquia local. El programa sustenta las dimensiones personales y comunitarias de una relación con Dios.

Esto es possible principalmente por medio de una relación especial: la relación entre el niño y su mentor. Los niños con autismo suelen tener problemas con las relaciones personales. Ya que tienen dificultad para interpretar las señales sociales y para comprender el efecto de sus palabras y acciones en los demás, suelen aislarse de sus compañeros, quienes con demasiada frecuencia responden con indiferencia u hostilidad hacia los niños que son distintos. En la catequesis individualizada, el canal principal para la enseñanza y el aprendizaje es la relación intensiva y personal entre el niño y su mentor. Esta relación se profundiza con el tiempo. A menudo, el mentor es el primer compañero que se interesa por el niño y pasa tiempo con él o ella. Es común que los niños desarrollen relaciones profundas de confianza y de afecto con sus mentores, lo cual genera el mejor contexto posible para que el niño aprenda sobre una relación con Jesús.

Estos son vínculos que se desarrollan de manera muy natural entre los niños y sus compañeros mentores, como la amistad entre Gabe y su mentora, María. Cuando se incorporó al programa, Gabe era un niño de diez años muy inteligente con un autismo de alto funcionamiento. Su capacidad de atención era breve y le encantaba desconcertar a las personas cambiando de tema. María era igual de inteligente e igual de rápida. Cuando Gabe cambiaba el tema, ella tenía preparada otra lección para él. Los dos se hicieron amigos gracias a un videojuego. Gabe era experto en un juego en particular y deseaba hablar de este todo el tiempo. María también conocía el juego, de modo que ella propuso un trato: cada vez que Gabe trabajaba en una lección por diez minutos, María le hablaba sobre el juego por tres minutos. Los dos conectaron muy bien. María se convirtió en la mejor amiga de Gabe. Él progresó rápidamente en clase.

Las relaciones con los mentores llevan a los niños a una relación más profunda con la parroquia. Por lo general, los mentores conducen la práctica de nuestros rituales, acompañan a sus estudiantes a misa y están presentes cuando reciben los sacramentos. Un programa adaptativo de educación religiosa es más eficaz cuando se lo acompaña con esfuerzos para que las personas con discapacidad sean visibles en la parroquia entera. No es raro que los estudiantes que han completado el programa se conviertan también en mentores. (Así es: ¡personas con autismo que también sirven como mentores!). La relación entre el estudiante y su mentor ofrece sanación y también aprendizaje a los niños con discapacidad.

El programa además influye de manera positiva en las relaciones familiares. Los padres acompañan a sus hijos a la clase y refuerzan las lecciones con ellos en el hogar. Los padres se reúnen para discutir durante la hora de clase, lo cual forma vínculos de apoyo y confianza entre padres. Muy a menudo, la participación del niño en la educación religiosa es la oportunidad para que los padres restauren una relación rota o desgastada con la Iglesia. El programa enfatiza la oración en familia y las devociones e imágenes católicas en el hogar. A menudo, los hermanos de los niños del programa forman parte del programa como mentores de la fe.

Por último, no debemos pasar por alto el efecto positivo del programa en los mentores. Los jóvenes mentores son guiados a cumplir una función significativa de servicio en la parroquia, por lo general por primera vez. Asisten regularmente a misa. Hablan con los padres de sus estudiantes cada semana. Como todos los maestros, aprenden el material mejor mediante el acto de su enseñanza. Muchos de nuestros mentores han asumido otras funciones de servicio dentro y fuera de la parroquia: tres se han convertido en maestros de educación especial, dos están en un posgrado estudiando psicología, uno está estudiando patología del habla y dos más están interesados en ser terapeutas ocupacionales.

Esta constelación de nuevas y profundas relaciones es un modelo atractivo para la inclusión de niños con discapacidades en la vida de la Iglesia. Esto es educación religiosa en el sentido más noble del término: un camino hacia una relación más profunda con Dios y con otras personas, lograda por medio de la confianza y el afecto.

> Esto es educación religiosa en el sentido más noble del término: un camino hacia una relación más profunda con Dios y con otras personas, lograda por medio de la confianza y el afecto.

Una palabra sobre los padres de familia

Los educadores religiosos suelen resaltar que la catequesis efectiva es un asunto familiar. La familia es la fuerza más poderosa en la formación en la fe de un niño. Los padres crían a sus hijos en la fe. La educación religiosa en la parroquia es parte esencial de este proceso, pero no lo es todo. Al igual que el hogar respalda la catequesis en la clase, el programa de educación religiosa de la parroquia puede tener un efecto poderoso en la vida de fe de la familia. No es poco habitual que los padres vivan una fe más profunda a medida que participan en la educación religiosa de sus hijos.

Esto es especialmente cierto en padres que tienen hijos con autismo y otras discapacidades. Son distintos de otros padres. Cuando traen a sus hijos a la parroquia para recibir educación religiosa, traen un conjunto particular de actitudes y necesidades. Algunos están asustados y a la defensiva. Otros se culpan a sí mismos por la discapacidad de su hijo. Otros se sienten avergonzados. Otros están enojados. Todos están afligidos. Vivieron una profunda conmoción cuando se diagnosticó la discapacidad de su hijo. Esto puede haber ocurrido en el nacimiento (o incluso antes) en el caso de niños con síndrome de Down y otras condiciones genéticas. Ocurre más tarde en el caso de padres de niños con autismo cuando los problemas en el aprendizaje y el comportamiento se vuelven demasiado numerosos como para ser ignorados. No importa en qué momento ocurra siempre va a tener el efecto de paralizar a los padres y entristecerlos. A partir de ese momento afrontan la tarea de adaptarse continuamente a las realidades cambiantes de quién es su hijo. Este no es el hijo que esperaban. Deben aceptar constantemente el hecho de que su hijo no puede tener lo que otros niños tienen, o al menos no de inmediato.

El simple hecho de estar con otros padres en un entorno acogedor puede brindarles consuelo. Pienso en Carol, la madre de un niño con autismo. Estaba afligida y era muy introvertida cuando trajo a su hijo por primera vez al programa. Una mañana después de la clase tuvo que contener las lágrimas mientras me contaba su historia. La vida en el hogar era difícil. Su esposo había dejado de ir a la iglesia. Se sentía muy sola, sobre todo cuando vio a tres padres en la mesa de los padres que participaban en la educación religiosa de sus hijos. Carol se benefició mucho del programa. Su dolor menguó. Hizo amigos. Hoy procura especialmente saludar a nuevos padres y sentarse con ellos.

Los padres a menudo creen de forma errónea que sus hijos no necesitan o no pueden tener una educación religiosa como otros niños. Los padres que no tienen prácticas religiosas propiamente sólidas tienden a pensar así. También puede que aparten a sus hijos de recibir educación religiosa si su perspectiva de la fe es excesivamente intelectual. Si creen que ser católico significa principalmente comprender doctrinas, es probable que piensen que un niño con discapacidad intelectual y problemas de aprendizaje tenga dificultad para lograrlo. Los ministros parroquiales deben contrarrestar esas actitudes. La discapacidad intelectual, física o de desarrollo no implica discapacidad espiritual. Un niño que nunca logra comprender los aspectos sutiles del Credo Niceno aún es capaz de comprender quién es Jesús. Un niño que no logra aprender de memoria las Bienaventuranzas o los nombres de los Doce Apóstoles puede disfrutar de la misa, recibir la Eucaristía y aprender a perdonar y a ser generoso.

Recuerdo una tarde soleada en Nuestra Señora de la Gracia cuando los jóvenes de nuestra parroquia estaban siendo confirmados. Uno de ellos era Craig, un niño de trece años con un tipo severo de autismo. Craig había estado en el programa por cinco años. Yo participaba como diácono en la ceremonia. Cuando Craig fue confirmado, vi que a su abuelo, quien estaba ahí de pie, le brotaban las lágrimas. Más tarde me contó que jamás creyó que Craig sería confirmado. Pensó que se trataba de un gran don, de una especie de milagro. Era un gran don, tanto para el abuelo como para Craig. Había vivido un sacramento tal como lo define el *Catecismo*: un "signo eficaz de la gracia".

No hay sustituto para un espíritu acogedor. Nuestra sociedad está repleta de sitios que no son especialmente acogedores para las personas que son diferentes. La parroquia no debería ser uno de esos lugares.

4

Quién hace qué en el programa

Un programa de educación religiosa que ofrece una catequesis personalizada se parece a un equipo de fútbol o a una compañía de actores. Para que el programa tenga éxito, personas con diferentes funciones deben trabajar juntas y en armonía. El foco está sobre la relación entre los mentores y sus estudiantes. Son los jugadores en el campo de juego o los actores en el escenario: su labor es lo que todos acuden a presenciar. El coordinador del programa dirige y respalda la acción, como lo hace el entrenador desde la banda o el director de la obra. El párroco y el director de educación religiosa son los productores, son quienes hacen posible el espectáculo. Los padres, los familiares y otras personas en la parroquia son el público, mirando atentamente; es un público que también desempeña un papel activo en el programa.

En este capítulo abordo esas funciones. Deseo resaltar que el éxito se alcanza solamente cuando todos trabajan en conjunto. Si nos enfocamos demasiado en las funciones, las descripciones de tareas y las responsabilidades, perdemos de vista el panorama general. El sentido de todo esto consiste en llevar a los niños al grado más alto de madurez espiritual que sean capaces de alcanzar. Un objetivo estrechamente relacionado es el de ayudar a los padres y los familiares de estos niños a vivir una vida activa de fe. El panorama general es fácil de ver; uno de los atractivos del programa es la satisfacción de ver avances semana a semana.

Una actitud pastoral

La cualidad más deseable para todos los que participan en el programa es una actitud pastoral. Los párrocos, que tienen la misión de pastorear a su grey (en latín, "grey" significa "rebaño"), tienen la visión más general. Se esfuerzan por el bien a largo plazo antes que por la eficiencia a corto plazo. Son decididos cuando deben serlo, pacientes con las dificultades, y compasivos ante el sufrimiento. Todos podemos aspirar a acercarnos a nuestro trabajo con una mentalidad pastoral. Hablando de pastorear, la palabra *pastor* proviene del latín y significa "apacentar". Jesús se llamaba a sí mismo el "buen pastor", aquel que daría su vida por el bien del rebaño pero que también estaba dispuesto a hacer cualquier cosa para salvar a alguien que se había descarriado. Al igual que un pastor, la habilidad de un párroco consiste en conducir al grupo hacia un objetivo común sin descuidar de cada persona en particular.

Una actitud pastoral es la solución para la enorme ansiedad con la que los participantes llegan al programa. La incomodidad social y la incertidumbre general son comunes en los niños con autismo. Muchos viven en un estado perpetuo de ansiedad. No pueden predecir lo que los demás harán y no tienen la capacidad de entender de inmediato las nuevas situaciones sociales. Tienen dificultades para darse cuenta de lo que se espera de ellos. En especial, la escuela está cargada de incertidumbre.

Es lógico que los padres estén inquietos y nerviosos al llevar a sus hijos a las clases de educación religiosa. Es posible que en la escuela otros estudiantes los hayan ignorado, los hayan acosado o, incluso, intimidado. Los padres habrán observado que los maestros y otros adultos se sienten incómodos con sus hijos. Muchos no están seguros de que la educación religiosa vaya a dar resultado para sus hijos. Se preguntan si el mentor logrará comprender a su hijo. Los mentores también están preocupados. Los adolescentes se sienten más seguros cuando prueban cosas nuevas de manera gradual y con una base de seguridad y familiaridad. Pero los mentores del programa deben zambullirse en una situación en la que todo es nuevo. A menudo están asumiendo su primer trabajo de servicio. Están construyendo una relación con un niño que se comporta de manera poco familiar. Se les llama a relacionarse con los adultos de una manera adulta. Es una situación exigente y a menudo delicada. Quienes están a cargo necesitan la sensibilidad de un pastor.

Una familia que conozco sufrió un doble fracaso en lo pastoral. Su hijo Paul, aquel niño con autismo de siete años que mencioné anteriormente, atravesaba por dificultades en su clase de educación religiosa. Tenía la costumbre de levantarse de su asiento y deambular por el aula. Muchas veces se iba del aula. Alarmado, el director del programa expulsó al niño del programa alegando preocupación sobre la responsabilidad de la parroquia si el niño salía a la calle. Enojado con la decisión, el padre del niño dejó de ir a la iglesia por algunos meses. Un domingo volvió a misa. Entonces uno de los ministros de la parroquia lo saludó y le dijo que sabía que el hombre no había estado asistiendo últimamente a misa: "Me di cuenta de que no hubo sobres tuyos en la ofrenda por un tiempo". Este comentario enfureció al padre, quien una vez más dejó de asistir a misa.

Un ministro parroquial diferente contactó con el lastimado y enojado padre del niño. Finalmente inscribió a su hijo en el programa. Me di cuenta de que los temores sobre la seguridad del niño eran exagerados: jamás habría abandonado el edificio y mucho menos habría salido a deambular por la calle. Pero sí debía aprender a permanecer en el aula. Poco a poco aprendió esta lección gracias al paciente trabajo de un mentor, que creó una relación estrecha de confianza con él. El padre del niño tenía mucho de qué desahogarse. Con el tiempo lo escucharon durante la reunión semanal de padres. Pudo retornar a misa y ha vuelto a participar activamente en la parroquia.

La función del párroco-pastor

El párroco es el pastor de la parroquia y su apoyo es fundamental para cualquier programa adaptativo de educación religiosa. Su participación puede adoptar varias formas. Algunos párrocos toman la iniciativa. Los servicios para personas con discapacidad son una prioridad para ellos. Es posible que inicien el programa de catequesis personalizada, animen a su personal a que lo implemente y desempeñen un papel activo. Muy a menudo otra persona inicia el programa: el líder catequético, un diácono u otro miembro del personal parroquial. Por lo general, esta persona obra en respuesta a feligreses que han pedido que sus hijos con discapacidad se preparen para los sacramentos. Alguien en el personal de la parroquia toma cartas en el asunto, descubre que hay una cantidad considerable de niños que podrían beneficiarse de esta iniciativa y propone implementar un programa.

La cuestión llega rápidamente al párroco, cuyo apoyo es fundamental si la idea va a prosperar. El párroco debe comprender que cualquier programa de educación religiosa para niños con discapacidades puede provocar inquietudes y herir las susceptibilidades de algunos. Significa que cada niño con autismo y otras discapacidades estará presente en la misa. Se puede minimizar, pero no evitar, que estén inquietos y que balbuceen como parte de su estereotipia, y algunas personas acostumbradas a tener una misa "en paz" se quejarán. Es posible que cuestionen si la parroquia debiera invertir tanto esfuerzo en un programa que beneficia a poca gente. Algunos preguntarán por qué los llamados "hijos especiales de Dios" necesitan educación religiosa. Habrá dudas sobre si se debe confiar en los adolescentes para la enseñanza, preguntas sobre la necesidad de conocimiento especializado en autismo y otras discapacidades intelectuales, físicas o de desarrollo y preocupaciones sobre la seguridad y el orden en la clase. En cualquier momento, el párroco debe mantenerse firme en la decisión de recibir a todos los feligreses con discapacidades dentro de la vida plena de la parroquia. Esto puede incluir la implementación de un programa de educación religiosa con un método de catequesis personalizada. El párroco debe ser amigo de las personas con discapacidad.

Luego está el revuelo y el cambio que conlleva todo nuevo programa. En mi parroquia, el programa adaptativo de educación religiosa dejó una huella importante los domingos por la mañana. Necesitábamos mucho espacio para la instrucción personalizada, por lo tanto, ocupamos aulas que se habían utilizado para otras clases y otras actividades parroquiales. Nuestro párroco recibió muchas quejas. Pese a eso, jamás titubeó en su apoyo al programa.

Gran parte de la función del párroco consiste en esta clase de respaldo y amparo entre bastidores. Debe estar informado sobre el programa para defenderlo y respaldarlo. No hace falta que sea un experto en discapacidades, ni tampoco es necesario que desempeñe una función demasiado visible. Los párrocos tienen mucho que hacer. Con personas idóneas a cargo, un programa adaptativo de educación religiosa no tiene por qué tomar demasiado tiempo para el párroco.

El párroco participa directamente en el programa cuando administra los sacramentos. Lo más demandante es el sacramento de la Penitencia y la Reconciliación. El sacramento es diferente para niños con lenguaje limitado, habilidades sociales limitadas y a veces discapacidades intelectuales. El sacerdote debe estar dispuesto a aprender la forma de comunicarse con estos niños y comprender lo que dicen. En nuestro programa, los mentores adolescentes o los coordinadores del programa ayudan al sacerdote a aprender cómo comunicarse eficaz y eficientemente para poder administrar con éxito el sacramento.

Quizás el párroco deba dar una misa especial para niños con discapacidades particularmente graves. Nuestro párroco hizo esto para varios niños en nuestro programa, niños que son demasiado sensibles a los estímulos visuales y auditivos como para poder asistir con comodidad a una misa típica.

La función del líder catequético

Es la responsabilidad del líder catequético o del director de educación religiosa de una parroquia asegurarse de que cualquier niño con discapacidad reciba una educación religiosa adecuada. Se debe considerar al programa adaptativo de educación religiosa como parte integral del programa general de la parroquia. El líder catequético debería trabajar junto con el coordinador del programa y revisar y aprobar el currículo. El líder catequético debería, con el asesoramiento del coordinador del programa y del mentor, asegurarse de que el niño esté preparado para los sacramentos. El líder catequético asegura que todos los mentores y voluntarios cumplan con todos los requisitos para un entorno seguro. Cuando es apropiado, el líder catequético procura que los mentores adolescentes reciban la misma orientación y capacitación que los catequistas voluntarios de la parroquia, además de cualquier otra capacitación especializada que sea necesaria, incluyendo la certificación catequética. Además, el líder catequético colabora con el coordinador del programa para revisar el programa anual e integrar a los niños en los eventos parroquiales.

La función del coordinador del programa

El coordinador del programa desempeña una función clave. Es la persona a quien todos recurren. Se puede comparar al coordinador del programa con el director de escena de una obra: la persona responsable de decidir escenarios, iluminación, guion, horarios y todo lo demás. Por lo general, el director de educación religiosa no debería tratar de ser también el coordinador del programa adaptativo. Puesto que las tareas y las responsabilidades son diferentes de aquellas de las clases típicas de educación religiosa, creo que lo mejor es que el líder catequético esté a cargo de toda la educación religiosa incluyendo el programa adaptativo, pero que deje a criterio del coordinador la administración del programa.

El coordinador del programa podría ser un profesional en el campo de discapacidades de desarrollo y quizás (aunque no necesariamente) un miembro de la parroquia. Dicha persona debe ser un católico respetable y que posiblemente trabaje con el líder catequético, el director de la escuela o el párroco como co-coordinadores. A veces algún padre o madre de un niño con discapacidad, u otro familiar, se postularán para el puesto de coordinador del programa. Esta persona puede ser la chispa que encienda el interés de la parroquia en implementar un programa, y puede tener conocimientos de sobra y defender abierta y claramente los intereses de los niños con discapacidades. Si bien la experiencia de primera mano sobre los esfuerzos y desafíos de criar a un niño con discapacidades puede ser útil, no es un requisito central. Hay otros requisitos que son más importantes.

La experiencia en educación religiosa

Entre los requisitos importantes para un coordinador de programa se halla la experiencia en educación religiosa. El coordinador debe tener una formación sólida en la educación religiosa de los jóvenes, incluyendo la preparación para los sacramentos de la Eucaristía, Reconciliación y Confirmación y los temas centrales que abarca el currículo. El coordinador debe comprender el currículo y lo que pretenden lograr las adaptaciones que se le realicen. Comunicar conceptos espirituales a niños con una gama de discapacidades requiere considerable creatividad e ingenio, y las adaptaciones tendrán éxito solo si se basan firmemente en una comprensión de los principios y métodos de la educación religiosa católica. El coordinador del programa debe comprender plenamente estos principios y ser capaz de comunicar esa comprensión a los mentores. Al igual que el *Adaptive Finding God Program* [Programa adaptativo Encontrando a Dios], cualquier adaptación al currículo debe incluir instrucción consistente; debe brindar estrategias personalizadas para desarrollar sobre una variedad de puntos fuertes y estilos de comunicación y aprendizaje; y debería incluir herramientas de aprendizaje para hacer que los conceptos catequéticos sean concretos.

Trabajar con adolescentes

El coordinador debe poseer la habilidad para reclutar y capacitar a los mentores. Muchos adolescentes tienen dudas sobre la idea de ser mentores en un programa de catequesis personalizada. La objeción más habitual es: "No conozco lo suficiente sobre religión para enseñársela a nadie". A la mayoría de los adolescentes les inquieta la idea de trabajar con un niño con discapacidades. Además, los adolescentes suelen tener vergüenza de relacionarse con adultos y la catequesis personalizada les exige trabajar junto con los padres del estudiante.

Las dudas no son infundadas y los coordinadores de programas exitosos pueden ayudar a que las superen con inspiración, ánimo, seguridad y una actitud cálida. Los coordinadores exitosos pueden asegurar a los adolescentes que saben más sobre su fe de lo que creen y que poseen el talento necesario para construir relaciones con sus estudiantes y los padres. Deben asegurarse de que los adolescentes sepan que recibirán la capacitación que necesitan para ser mentores eficaces. Animarlos es fundamental al principio. Una vez que los mentores comienzan a trabajar, el estudiante probablemente los mantendrá motivados y enfocados.

Es especialmente importante que el coordinador del programa asigne el mentor apropiado a cada estudiante. Es importante dedicar el tiempo necesario a este paso. No se debe ser reticente a intentar diferentes combinaciones de mentores y estudiantes. Es importante encontrar la sinergia natural. A menudo el mentor hallará una solución al problema que ha eludido a los demás.

Este fue el caso con Derek, un niño brillante con autismo que se distraía con muchísima facilidad. Prestaba atención a un mentor aproximadamente por un minuto antes de perderla. Intentamos varias tácticas, pero nada parecía dar resultado hasta que un mentor llamado Jake vino un día con una pequeña pizarra y un marcador. Derek puso mucha atención tan pronto como Jake le enseñó la pizarra. Jake escribió una pregunta; Derek escribió una respuesta. La pizarra era un dispositivo para la concentración; era la solución que buscábamos. Jake se convirtió en el mentor de Derek y ambos fueron progresando con las lecciones escribiendo en la pizarra.

El conocimiento de las necesidades especiales

El coordinador del programa debe saber sobre el autismo y cómo afecta al aprendizaje y la interacción social. No tiene que tener el conocimiento de un profesional en educación especial con experiencia de primera mano. Pero el coordinador debe saber lo suficiente sobre el autismo como para manejar un currículo adaptado para estos niños y para crear un entorno de aprendizaje adaptado para ellos.

Estoy convencido de que cualquier educador religioso capaz, bien organizado, que puede trabajar con adolescentes y que tiene pasión por este trabajo puede adquirir el conocimiento necesario sobre discapacidades sin tener que invertir demasiado tiempo. En mis viajes para ayudar a las diócesis y las parroquias a implementar el método de catequesis personalizada, las personas suelen observar que pocas parroquias tienen un coordinador de programa con el conocimiento que yo tengo. Soy diácono ordenado con un doctorado en psicología y licencia profesional, y tengo amplia experiencia trabajando con personas con autismo. Un funcionario diocesano me dijo que un programa adaptativo de educación religiosa "es fácil si una parroquia tiene a alguien como usted. ¿Acaso alguna parroquia común podría lograr algo así?". Le respondí que no es fácil ni siquiera en mi parroquia, pero le dije también que prácticamente todas las parroquias pueden adquirir el conocimiento necesario en un período razonable de tiempo concentrando los esfuerzos en esa iniciativa.

La capacitación necesaria suelen brindarla personas locales. Muchas comunidades de diversos tamaños en los Estados Unidos tienen al menos algunos servicios para personas con discapacidades. En muchas comunidades, estos servicios son bastante amplios. Cuentan con trabajadores sociales, psicólogos, maestros de educación especial, terapeutas ocupacionales, terapeutas del lenguaje y otros profesionales, muchos de los cuales están dispuestos a asistir a cualquiera que busca ayudar a que las personas con discapacidad aprendan y progresen. En realidad, trabajar con familias, educadores, empleados, miembros del clero y otros líderes de la comunidad es parte de las obligaciones del puesto para muchos de estos profesionales. Están disponibles para dar talleres, sesiones de orientación y consultas. Los padres de niños con discapacidad suelen estar bien informados y están predispuestos a compartir sus conocimientos con el coordinador y otros miembros del personal parroquial. Las parroquias también suelen acudir a los miembros del personal de la diócesis a cargo de los servicios para personas con discapacidad y a los coordinadores de programas de educación religiosa locales que atienden a niños con discapacidad de desarrollo. Además, el sitio web de la *National Catholic Partnership on Disability* (Alianza Nacional Católica sobre la Discapacidad) tiene recursos muy valiosos para la catequesis.

Capacidad de administración y de gestión

El coordinador supervisa un programa altamente descentralizado en el que ocurren cambios constantemente: la instrucción es individualizada; cada estudiante y cada mentor es diferente; cada padre parece tener preguntas cada semana; constantemente se hacen grandes y pequeños ajustes. Los coordinadores de un programa adaptativo de educación religiosa deben ser capaces de manejar un flujo constante de preguntas, decisiones y problemas. Por momentos se sentirán como expertos navegando en medio del caos.

Instalaciones: el coordinador debe asegurarse de que las aulas utilizadas para este programa sean aptas para este tipo de aprendizaje. Lo ideal es que las aulas sean tranquilas, con luz suave, y que permitan solo un mínimo de distracción. En la práctica, esto implica que el coordinador deba llegar antes para preparar las aulas para el programa y quedarse después para asegurarse de dejar las aulas en el estado original. Si no se tiene aulas a disposición, se puede dividir un aula con escritorios o un biombo.

Planificación: el coordinador debe ser muy organizado y tener la capacidad de planificar. Debe preparar el calendario del programa con mucha anticipación. El calendario debe incluir sesiones de orientación para adolescentes, padres y estudiantes, formación de mentores y reuniones con los padres de familia. El programa debe coordinarse según el calendario de la parroquia y con los horarios de las clases regulares de educación religiosa para los eventos que se hagan en conjunto, como la misa y los sacramentos. A menudo el coordinador hará malabares con los horarios para acomodar a los estudiantes y mentores muy ocupados.

Disponibilidad: el coordinador debe estar disponible para atender a los padres, los mentores y el personal parroquial. Yo doy a los mentores y los padres mi correo electrónico y mi número telefónico, e insisto en que me informen a mí y se informen entre ellos en caso de que un estudiante o un mentor no pueda asistir a clase a causa de una enfermedad u otra obligación ineludible. El coordinador del programa debe también poder contactar a todos rápidamente cuando haya algún cambio de último momento en la clase por razones climáticas.

Responsable de los materiales: el programa generará una cantidad considerable de material: lecciones, ayudas visuales, libros de consulta, revistas y guías de estudio. El coordinador del programa debe preparar este material y distribuirlo, a menudo con antelación. ¡Y no olvidemos el papel, los lápices, los crayones y otros materiales que cualquier programa escolar necesita!

Padres de familia: el coordinador supervisa el plan para los padres que acompañan a sus hijos. En mi programa los padres se sientan juntos para un diálogo guiado mientras sus hijos trabajan con los mentores.

La función del compañero mentor

Una vez más, la clave del éxito del programa es la relación que se genera entre el estudiante y el mentor. Cuando la relación es cercana y significativa, los estudiantes aprenden. Cuando hay vacilaciones, los estudiantes progresan irregularmente o no progresan en absoluto. No exagero cuando digo que el elemento más importante para el éxito del programa es el mentor.

La idea de usar adolescentes como mentores de la fe fue algo así como un experimento cuando implementé el programa. Había visto programas de educación religiosa que usaban la instrucción personalizada y conocía los programas en los que participaban adolescentes como asistentes y auxiliares pedagógicos. Pero nunca había visto un programa que combinara ambos, utilizando adolescentes para la instrucción personalizada. En mi labor profesional había notado que los niños con autismo parecían aprender mejor con las personas de su misma edad o de edad similar. Parecía establecerse un vínculo que facilitaba el aprendizaje. Pensé que los adolescentes se relacionarían más fácilmente con los niños con autismo porque ellos no tienen los prejuicios y expectativas (ni la baja autoestima) que parecen tener muchos adultos. Ellos podrían desarrollar una relación personal con estos estudiantes, lo cual haría más fácil el aprendizaje. Estas suposiciones resultaron correctas. Pero no anticipé lo que ha resultado ser lo más importante de utilizar adolescentes como mentores: la manera en que los mentores se convierten en modelos a seguir para los estudiantes. Muchos niños en los programas adaptativos de educación religiosa forman vínculos sólidos con sus mentores. Llegan al programa en busca de ayuda. Por desgracia, muchos no tienen amigos de su misma edad; no saben exactamente cómo "hacer amigos". Son inseguros, están nerviosos y se pierden en situaciones sociales que no comprenden. Es ahí donde entra el mentor, una persona joven y vivaz de edad similar, que se interesa por el estudiante y le agrada pasar tiempo con él o ella todas las semanas. Los estudiantes se encariñan rápidamente con sus mentores. Trabajan arduamente para satisfacer a los mentores. Observan cómo se visten y hablan los mentores y cómo estos se relacionan con los adultos y con otros mentores. El mentor se convierte en un modelo de cómo ser en el mundo.

Vi un ejemplo contundente de esto fuera de la clase. Dos veces al año, el equipo de *hockey* de los *Pittsburgh Penguins* [Pingüinos de Pittsburgh] le brinda a nuestro programa un palco de lujo en su estadio, el *Consol Energy Center*. Todos —estudiantes, mentores y algunos acompañantes adultos— van a ver el partido de *hockey* para pasar una noche de diversión. Una temporada observé que Billy, uno de nuestros estudiantes mayores, no parecía estar disfrutando mucho de este rato. Se sentó en un lugar apartado; observaba a los demás que estaban entreteniéndose y que celebraban cada vez que los *Penguins* marcaban un tanto, pero él no participaba. Algunos meses más tarde volvimos para ver otro partido. Esta vez Billy participó con todos los demás. Me di cuenta de que durante el primer partido Billy estaba aprendiendo a divertirse. Había estado observando con atención lo que las personas hacen en un partido de *hockey*. La segunda vez puso en práctica todo lo que había observado. Pudo haber sido imitación intencional, pero Billy parecía estar pasándolo genial.

Esto es de verdad. La primera responsabilidad de los mentores es comprender lo importante que son para sus estudiantes. A menudo los adolescentes no se dan cuenta de lo rápido que sus estudiantes llegan a depender de ellos. Es una relación que deben tomar con seriedad. Deben saber que sus estudiantes los observan con atención y que imitarán todo lo que ven. Ser un ejemplo por seguir y un mentor para niños con autismo exige mucha responsabilidad.

Conocer al estudiante. El mentor llega a conocer al estudiante muy bien, a veces mejor que cualquier otra persona fuera de la familia del estudiante. Aprenden a entender lo que verdaderamente significan las estereotipias. Aprenden cómo se comunica el niño. Llegan a saber cómo aprende mejor el niño. Esto es conocimiento sutil. Los niños con autismo no se comunican de la manera que lo hacen la mayoría de las personas. Por lo general no pueden decirte que prefieren mirar las imágenes de un libro en vez de escucharte leerlo; que no les gusta que los toquen; o que los ruidos fuertes los perturban. El mentor aprende estas cosas poco a poco, gracias a la paciente observación y los métodos de prueba y error. Con el tiempo el mentor percibe la manera en que el estudiante aprende y es capaz de desarrollar un enfoque eficaz para la enseñanza.

Manejar bien el tiempo. El mentor debe ser puntual, llegar a la clase preparado para enseñar y enseñar con una buena comprensión del propósito de la lección. Debe tener buena comunicación con el coordinador y los padres del niño. El mentor debe repasar y preparar la lección con el coordinador del programa antes de que llegue a la reunión semanal.

Trabajar con los padres. Los padres conocen a sus hijos mejor que cualquier otra persona. Los mentores trabajan estrechamente con los padres cuando están conociendo a sus estudiantes, y la relación continúa durante el programa. Los mentores repasan las lecciones semanales con los padres para que puedan repetir las lecciones en casa durante la semana. Los padres y los mentores deben comunicar información sobre los horarios. A veces los mentores deben hablar con los padres sobre las dificultades que tienen sus hijos. Esta relación es una especie de inversión de roles. Algunos adolescentes lo aceptan naturalmente. Otros necesitan asesoramiento y responden bien a ello. A menudo el coordinador del programa deberá ayudar a facilitar esta relación entre mentores y padres.

La función de los padres

A los padres se les pide que participen en el programa con sus hijos. Las razones son de orden práctico. Los padres ayudan a los mentores a comprender cómo sus hijos aprenden y se comunican. A menudo los niños necesitan que sus padres estén cerca para su estabilidad y seguridad, sobre todo en las primeras semanas del programa, las cuales suelen ser difíciles. Los mentores se reúnen con los padres al final de cada clase, y se pide a los padres que repitan la lección en casa al menos una vez durante la semana. En Nuestra Señora de la Gracia animamos a las personas a que vivan una fe activa en el hogar. Les pedimos a las familias que observen los tiempos de Adviento y Cuaresma, ofrecemos materiales para rezar y celebrar devociones familiares, y pedimos a los padres que asistan a misa con sus hijos. La esperanza es que la participación del niño en el programa adaptativo sea una oportunidad para que toda la familia profundice su vida de fe.

En mi experiencia, esto sucede si los padres cumplen con lo que pide el programa. Pero suele llevar tiempo. Los padres de nuestros estudiantes deben afrontar tensiones y desilusiones que superan las presiones comunes de las familias. Con el tiempo, a medida que sus hijos reciben los sacramentos y crecen en la fe, muchos padres también profundizan su propia fe. Facilitar este proceso sanador es profundamente gratificante.

Me acuerdo de Dominic, un padre que hacía todo lo que el programa le pedía, pero con recelo. Traía a su hijo a la clase, pero no interactuaba fácilmente con otros padres. No iba a misa. Con el tiempo, mientras su hijo aprendía sobre su fe, Dominic pudo sentirse más a gusto. Una vez me contó que me había puesto "en un período de prueba" durante dos años. Él estaba herido y enojado con la Iglesia por la manera desconsiderada con la que algunos ministros pastorales habían tratado a su hijo. Había traído a su hijo al programa por insistencia de su esposa. No creía que el programa funcionaría. Había estado observándonos a mí y al mentor, esperando que ocurriera la desilusión que había estado esperando. En cambio, encontró un programa que ayudó a su hijo y, en el proceso, logró que él volviera a la comunidad católica. Recuerdo la enorme sonrisa en el rostro de Dominic el día en que él y su hijo recibieron la Sagrada Comunión juntos.

La historia de Dominic es un ejemplo de otro importante aspecto del programa: el éxito requiere tiempo. Un espíritu de confianza paciente es una virtud fundamental. Lleva tiempo desarrollar un programa. Lleva tiempo que los mentores hallen la mejor manera de enseñar. Los niños progresan a su propio ritmo. Este programa es una oportunidad para que todos los participantes, coordinadores, párrocos, mentores, padres y estudiantes practiquen la virtud de la paciencia en una cultura que exige resultados inmediatos.

Padres
Participa en grupos
de diálogo y apoyo
en el hogar

Mentor
Instrucción
individual

Estudiante

Párroco
Mantiene la visión de
la parroquia, defiende
y proporciona
apoyo

**Coordinador
del programa**
Logística y administración
del programa, apoyo
a los catequistas

5

Comenzar el programa

Supón que en tu parroquia se ha tomado la decisión: implementarás un programa adaptativo de educación religiosa para niños con autismo y otras necesidades especiales. ¿Cómo se empieza? ¿Qué implica? ¿Cuánto tiempo llevará? ¿A qué cosas habrá que estar atentos? Para seguir con la analogía teatral, este capítulo aborda la labor que implica preparar un espectáculo para la noche de estreno. Los actores son simplemente aquellos que están en el escenario. Las personas que están literalmente detrás de escena (guionistas, electricistas, tramoyistas, diseñadores, productores y directores y su personal) hacen gran parte del trabajo.

Este capítulo se centra en cómo preparar el espectáculo para el día del estreno. El capítulo siguiente trata sobre cómo mantener el espectáculo en marcha.

El alcance

La mayoría de las personas que lean este libro saben algo sobre programas parroquiales. Saben lo complejo que pueden ser; cuán grande es el desafío de hallar, capacitar y motivar a los voluntarios; lo que se siente tener una lista al parecer interminable de detalles que requieren atención inmediata. No obstante, deseo resaltar el amplio alcance de nuestro programa. Ofrecer instrucción personalizada a niños con autismo y otras discapacidades es una extensión lógica de un programa de educación religiosa ya existente. Pero si bien es parte integral de las propuestas de educación religiosa de una parroquia, también conlleva características y desafíos únicos. Logra servir a las familias de la parroquia que deben afrontar desafíos que la mayoría de las familias no afrontan. Esto amplía el ámbito de los desafíos que enfrentan los líderes catequéticos. Las habilidades de cada niño son diferentes y también lo son sus fortalezas y capacidades. Cada niño reacciona de manera distinta y aprende de manera distinta. Cada niño debe recibir enseñanza de modo tal que esta se ajuste a sus capacidades y estilo de aprendizaje únicos. En las clases tradicionales de educación religiosa, un catequista toma decisiones que ayudan a la clase en general. Con la catequesis personalizada, cada decisión sobre la instrucción se basa en las necesidades de cada niño en particular.

Preparar a la parroquia

Implementar un programa que utiliza catequesis personalizada es más sencillo si la parroquia es consciente de las necesidades de las personas con discapacidad y está acostumbrada a verlas cumpliendo funciones visibles y activas en la parroquia. Es más fácil reclutar mentores, es más fácil que los padres vengan con sus hijos y es más fácil obtener financiamiento y apoyo pastoral. Es más fácil alcanzar el objetivo máximo de este programa: llevar a los jóvenes con autismo y otras discapacidades al mayor grado posible de madurez espiritual que sean capaces de alcanzar y verlos integrados en la comunidad parroquial local.

La conciencia parroquial y la firme defensa de las necesidades de los feligreses con discapacidad son fundamentales para un programa adaptativo de educación religiosa. El objetivo es lograr que una comunidad parroquial salga al encuentro de personas con discapacidad, tanto jóvenes como mayores, y se les acepte y acoja. Las personas con discapacidad, sobre todo los niños, no son muy visibles en nuestras parroquias. No suelen estar en los primeros puestos de las listas de grupos y causas a las que se suele exhortar a los feligreses que apoyen, como jóvenes, personas mayores, personas solteras, jóvenes profesionales, madres solteras, personas sin hogar o personas que están de duelo, ayuda para catástrofes, movimientos provida, evangelización, entre otros. Se requiere un esfuerzo adicional para prestar la atención debida a las personas con discapacidad.

El párroco y otros miembros del clero deben tomar la iniciativa en este esfuerzo, y deben hacerlo de la manera correcta. Por lo general, los líderes parroquiales buscan apoyo para los feligreses con discapacidad (y otros grupos especiales) insistiendo en que "nuestra parroquia debe estar abierta para todos". Esta es una gran verdad: la inclusión de personas con discapacidad en la vida parroquial (y en la sociedad, en general) es un requisito de la justicia. Pero la afirmación de que una parroquia debe estar abierta para todos es muy general y se la escucha con mucha frecuencia en conexión con muchos grupos con identidades particulares y necesidades especiales. Se debe respaldar esta actitud con acciones prácticas.

La defensa eficaz de personas con discapacidad puede a menudo ser sutil y representada sin tanta algarabía. Los líderes parroquiales pueden simplemente hablar de las personas con discapacidad de manera natural y no forzada cada vez que puedan. Pueden dirigir la atención a sus necesidades ofreciendo materiales para la misa en letra grande, empleando intérpretes durante la misa, asegurándose de que los eventos parroquiales sean accesibles a personas en sillas de ruedas y apoyando a las organizaciones locales que atienden a personas con discapacidad. Pueden dar pequeños pasos para hacer que las personas con discapacidad sean visibles, se sientan a gusto y puedan participar. Como ya mencioné antes, en mi parroquia un hombre con autismo ha sido ujier en la misa de las 9:30 a.m. durante quince años. Un hombre con deficiencia auditiva es lector. Cuando los párrocos hablan sobre las personas con discapacidad desde el púlpito, pueden recordarles a sus feligreses que prácticamente cualquier persona puede lidiar con una discapacidad en algún momento de su vida.

En una parroquia acogedora, la catequesis personalizada es fruto natural de una preocupación constante por las necesidades de las personas con discapacidad. También es cierto lo contrario; el programa adaptativo de educación religiosa puede promover el bienestar de los feligreses con discapacidad de otras maneras. En Nuestra Señora de la Gracia el programa adaptativo de educación religiosa de los domingos por la mañana fue logrando que la misa de las 9:30 sea un momento en el que las personas con discapacidad se sienten como en su hogar. En esta misa, su presencia en la parroquia es especialmente visible. Es una misa bulliciosa. Cada tanto un niño corre por los pasillos. Otros sacuden las manos. En cada misa siempre hay alguien que hace ruido cuando se pide silencio. Pero está bien. Estos niños y adultos no solo se sienten a gusto en su parroquia, la completan.

¿Necesita tu parroquia un programa?

Los ministros parroquiales deben determinar la necesidad de un programa adaptativo de educación religiosa. Si un niño viene a la parroquia, debemos atender sus necesidades. Es casi seguro que toda parroquia promedio tenga feligreses con necesidades especiales. Entre estos se encuentran niños en las edades habituales para la preparación para los sacramentos, adolescentes y adultos que nunca han sido confirmados, e incluso quienes no han recibido nunca la Eucaristía ni la Reconciliación.

Los estudiantes potenciales quizás están allí, pero identificarlos es otro tema. Es posible que vivan cerca de la parroquia pero que no asistan a misa. Como se dijo antes, los padres son reticentes a llevar a su hijo con discapacidad a clases de educación religiosa. Son muy protectores de sus hijos. Piensan que sus niños no se adaptan. Han sido objeto de burlas o de acoso en la escuela y en otros entornos sociales. Son muy sensibles respecto de la etiqueta de "discapacitado". Implica un estigma y hace difícil que los niños se adapten.

Muchos padres simplemente suponen que los niños no son idóneos para la educación religiosa. Los niños por lo general reciben servicios especiales de educación en las escuelas públicas, y son tratados por terapeutas, maestros de educación especial, auxiliares de clase y otros especialistas. Ya que este tipo de ayuda no está disponible en los programas parroquiales de educación religiosa, es posible que los padres supongan que sus hijos no podrán aprender en tal entorno. También puede suceder que los padres subestimen las capacidades de sus hijos. En mi labor profesional he visto a menudo a niños que se desempeñan mucho mejor de lo que todos esperaban. Un método enfocado, personalizado y centrado en el niño puede generar resultados notables. Los niños necesitan tiempo y ánimo de sus padres, y la oportunidad de expresarse.

Muchos padres no piensan en la educación religiosa hasta que su hijo tiene la edad suficiente para recibir la Primera Eucaristía. (Esto también es cierto para los padres de todos los niños). Es posible que algunos padres se acerquen a un ministro parroquial para conversar sobre el tema. Pero otros no. Acercarse al párroco y pedirle a la parroquia que brinde un servicio especial es, para muchos, un atrevimiento. Se debe invitar a los padres.

Los ministros parroquiales pueden aprovechar las redes de amistades y los contactos personales para hallar a estos padres. El personal de la parroquia quizás conozca ya a algunos y puedan sugerirles que soliciten educación religiosa. Es posible que haya miembros de la parroquia que trabajan con personas con autismo de manera profesional como maestros, terapeutas del lenguaje, terapeutas ocupacionales, psicólogos o trabajadores sociales. Muchos niños en el programa de mi parroquia vinieron porque ya los conocía de mi trabajo como psicólogo especializado en condiciones del espectro del autismo. Pero no soy el único. Es buena idea identificar y pedir asesoramiento a feligreses que trabajen con personas con autismo y otras discapacidades.

El programa en Nuestra Señora de la Gracia comenzó con cinco estudiantes. Como el mío, tu programa progresará con el tiempo a medida que se corra la voz. En pocos años, el programa de mi parroquia llegó gradualmente a tener quince estudiantes. De repente la cantidad ascendió a veinte y luego a veinticinco.

Quizás pienses en la posibilidad de implementar el programa adaptativo de educación religiosa en conjunto con otra parroquia (o con varias). Esto añade más complejidad a la planificación, pero amplía la reserva de estudiantes potenciales y aporta más material humano y más recursos materiales. Muchos obispos diocesanos animan con firmeza los programas conjuntos y la posibilidad de combinar recursos entre parroquias. Una manera lógica en que las parroquias pueden trabajar juntas es ofrecer educación religiosa a jóvenes con discapacidad.

Y correrá la voz. Si ofreces un programa adaptativo de educación religiosa por tu cuenta, seguramente vendrán padres de otras parroquias a tocar tu puerta. Quizás decidas por anticipado cómo manejar esta situación. Nuestra Señora de la Gracia acepta a todos en el programa, independientemente de la membresía parroquial. Algunas familias viajan desde lejos los domingos por la mañana para formar parte de nuestro programa. Pero por supuesto, no es lo ideal. Cada parroquia tiene la responsabilidad de satisfacer las necesidades de sus feligreses. Y estamos listos para ayudar a cualquier parroquia que desee implementar un programa de educación religiosa por su cuenta. En el este de los Estados Unidos una decena de diócesis han comenzado una revisión formal de un programa que utiliza el método de catequesis personalizada, y varias parroquias la están ofreciendo formalmente como programa de educación religiosa de la parroquia. El desarrollo del *Adaptive Finding God Program* [Programa adaptativo Encontrando a Dios] posibilita que cada parroquia pueda responder a cada familia con esta necesidad.

Da a conocer el programa

Cuando sea el momento de anunciar el programa adaptativo de educación religiosa, hazlo con firmeza, no en voz baja. El párroco o líder catequético debería hablar sobre ello desde el púlpito en todas las misas del domingo. Debería presentarlo como una nueva e importante iniciativa que forma parte del amplio compromiso de la parroquia de satisfacer las necesidades de personas con discapacidad.

Es importante seguir rápidamente este anuncio con una sesión informativa en la que los padres pueden aprender más sobre el tema.

Esta sesión informativa es fundamental. Hay mucho que explicar, y los padres necesitan la oportunidad de expresarse. Todo niño con una discapacidad de desarrollo es único. Cada uno necesita un enfoque pedagógico adaptado a su estilo personal de aprendizaje y método de comunicación. Quizás te sorprenda la cantidad de personas que asisten a estas sesiones. He participado en muchas de estas sesiones; a menudo los padres aguardan con paciencia durante mucho tiempo la oportunidad de tener una charla privada con el coordinador del programa. Utiliza todas las vías de comunicación a tu disposición. Coloca los anuncios en el boletín informativo. Ofrece una descripción del programa en el sitio web de tu parroquia. Invita a los miembros de la parroquia que trabajan en educación especial para que sus clientes católicos conozcan el programa. Anuncia el programa en otras parroquias. Muchas familias en nuestro programa se enteraron por primera vez sobre estas gracias a un artículo que escribí en nuestro periódico diocesano.

Cómo dar a conocer el programa y reclutar:

- Habla desde el púlpito sobre el programa.
- Busca feligreses que sean profesionales en educación y en terapia para necesidades especiales, o que trabajen en agencias gubernamentales.
- Organiza una reunión informal.
- Utiliza todas las vías de comunicación, entre ellas el sitio web de la parroquia, las redes sociales, las listas de correo electrónico y el boletín informativo.
- Visita las escuelas locales; habla con los consejeros.

El horario

En Nuestra Señora de la Gracia el programa adaptativo de educación religiosa se lleva a cabo los domingos por la mañana. Creo que es el mejor momento para un programa que trabaja con adolescentes como mentores de la fe, ya que hay demasiadas actividades para los adolescentes los domingos por la tarde.

Cuando decidí el horario de 8:30 a 9:15 de la mañana para el programa, varias personas me advirtieron que jamás lograría "que los adolescentes se levanten tan temprano un domingo por la mañana".

Los temores resultaron ser exagerados. Es cierto: los mentores vienen a clase medio dormidos, pero han sido capaces de afrontar el desafío de presentarse a las 8:30 de la mañana listos para enseñar, sobre todo después de haber conocido y establecido una conexión con su estudiante.

Elegí el horario porque permite que familias y mentores asistan a la misa de 9:30. Muchos niños con discapacidad (y sus padres y hermanos) no suelen asistir regularmente a misa. La misa es un asunto especialmente sensible para muchos padres de niños con autismo y otras discapacidades. A muchos de sus hijos les resulta difícil mantenerse sentados y quietos. Muchos recurren a las estereotipias ya que están demasiado estimulados, cansados o aburridos. A los padres no les agradan las miradas de fastidio (o peor aún, los comentarios negativos) de los feligreses que están acostumbrados a una misa "tranquila". Puedes comprender por qué muchos prefieren quedarse en casa. Como dije antes, la misa de las 9:30 poco a poco se convirtió en "nuestra" misa, y ahora es un lugar agradable para que padres e hijos rindan culto.

También quise dar la posibilidad a los mentores de asistir a misa. Es posible que los adolescentes pierdan el hábito de asistir a la misa del domingo, y yo deseaba que el programa condujera a que las personas asistan a misa. Muchos de nuestros mentores vienen a la misa de 9:30 pues comienza tan pronto finaliza la clase.

Si bien una clase de cuarenta y cinco minutos no parece demasiado, es suficiente para lo que tenemos que hacer. La instrucción personalizada es intensa. Por lo tanto, es tiempo suficiente para los mentores y es tiempo suficiente para los estudiantes, algunos de los cuales tienen una capacidad de atención limitada.

La clase comienza puntualmente a las 8:30. Cantamos todos juntos una canción, acompañados por algún padre o madre que toca la guitarra. Rezamos un par de oraciones breves. Después los mentores y los estudiantes van a sus sesiones. Al finalizar, los mentores se reúnen brevemente con los padres para explicar la lección, para que los padres puedan reforzarla con sus hijos en casa durante la semana.

Es una buena idea tomar decisiones firmes al principio sobre el horario; no creas que podrás "ver cómo va la cosa" y cambiar el horario más adelante. Los cambios son muy molestos para los niños con autismo. Dependen de la rutina y se pueden asustar cada vez que hay un cambio. Un año decidí empezar una clase con el Padrenuestro en vez del Avemaría, como habíamos hecho el año anterior. Esto perturbó a un niño, que insistía en que yo estaba diciendo "la oración equivocada". De inmediato repuse el Avemaría, pero el niño todavía me sigue mirando con atención todas las semanas para asegurarse de que digo la oración correcta.

Instalaciones

La mayoría de los niños con autismo no progresan en una clase común y numerosa. Debido a las discapacidades de procesamiento sensorial que tienen, los elementos visuales, los sonidos y olores, al igual que todo lo que es nuevo en un aula y escuela nuevas, los inquietan y los confunden. Tienen problemas para separar la información importante del ruido de fondo. Muchos son hipersensibles a ciertos estímulos. Algunos se obsesionan con detalles al parecer irrelevantes. Tienden a distraerse. Los mentores se esfuerzan para mantener a sus estudiantes concentrados en la lección, y el entorno de aprendizaje no debería hacer esta tarea más difícil de lo que ya es.

Uso las aulas de nuestra escuela parroquial para el programa. No hay más de dos pares de estudiantes y mentores en un aula a la vez. Debido a que muchos jóvenes con autismo son hipersensibles a los estímulos, nos esforzamos por eliminar elementos visuales, sonidos y olores que muchos apenas perciben. Usamos la mayor cantidad de luz natural posible porque a muchos estudiantes les molesta el leve zumbido de los dispositivos con luz fluorescente. Esto hace que las aulas tengan luz tenue en los nublados domingos de invierno en Pittsburgh. En los días cálidos no usamos ventiladores eléctricos ya que las aspas que giran distraen a muchos niños con autismo. Las flores son otra distracción ya que muchos niños son extremadamente sensibles a las fragancias. Quitamos cuanto cartel, tapiz, juguete o juego infantil colorido como nos sea conveniente.

Las clases de preescolar y guardería de nuestra escuela están llenas de equipo colorido. Una de ellas tiene un castillo muy elaborado que abarca un tercio del aula. Nunca hemos podido usar estas aulas en nuestro programa ya que el mobiliario produce demasiada distracción.

En los primeros años del programa utilizaba la biblioteca de la escuela parroquial. Era un espacio amplio y alfombrado que funcionaba bien para un sencillo programa. Sin embargo, no funcionó tan bien para un brillante niño llamado Liam que tenía autismo de alto funcionamiento. A Liam le encantaban los libros, coleccionaba libros y siempre lo distraían de su lección. La mentora de Liam solucionó el problema haciendo un trato: él podría mirar libros por cinco minutos si primero trabajaba en su lección por diez minutos. Funcionó como magia. Liam cumplía su parte del trato y se aseguraba de que su mentora también cumpliera la suya.

Aun cuando las aulas están bien preparadas, los niños con autismo son propensos a distraerse. Siempre intento ayudar a los mentores a trabajar con estas distracciones en vez de combatirlas. Un ejemplo es Marcus, un niño a quien le fascinaba la vista que brindaba la gran ventana en su aula. En las primeras semanas de clase solía levantarse constantemente de su asiento, caminaba hacia la ventana y se quedaba de pie ahí, mirando los autos y las personas de afuera. La mentora, de manera muy acertada, dejó de intentar que Marcus volviera a su asiento; en cambio, iba con él a la ventana y le enseñaba allí, y allí es donde están todas las semanas, hablando de Jesús y los sacramentos mientras miran el mundo exterior.

El niño en la ventana es un buen ejemplo de un principio de enseñanza eficaz con niños con autismo: dejar que el estudiante fije algunas de las reglas. En una clase regular, se espera que los niños sin discapacidades se ajusten a las reglas del docente. En nuestro programa adaptativo de educación religiosa, los mentores se ajustan a los estudiantes. Si un estudiante necesita levantarse y caminar por ahí cada cinco minutos, la enseñanza entonces sucede en intervalos de cinco minutos. Si un estudiante necesita mirar por la ventana, allá también irá el mentor.

Empezar a despegar

Las primeras tres clases son cruciales. Los mentores y los estudiantes necesitan al menos este tiempo para conocerse. Los mentores deben entender la personalidad particular de su estudiante y su estilo de aprendizaje, y los estudiantes deben hacer algo que pocos de ellos han hecho antes: establecer una relación con un amigo. Esta relación es la clave para el éxito del programa; las bases del programa se establecen durante las primeras semanas.

El primer mes del programa puede ser difícil. A los niños con autismo les suelen desagradar las nuevas situaciones. El ajuste es difícil tanto para los nuevos estudiantes como para aquellos que ya tienen tiempo en el programa. Lleva tiempo, y no hay manera de acelerar el ajuste de manera apreciable. Es posible que durante las primeras dos o tres semanas no se abarque mucho contenido, pues el mentor y el estudiante estarán ocupados en construir su relación. Lleva el tiempo que debe llevar. El coordinador del programa puede ayudar estableciendo una rutina de clase que no varíe de una semana a otra.

El coordinador del programa debe trabajar de manera intensiva con los mentores durante este tiempo para ayudarlos a aprender cómo se comunican y aprenden sus estudiantes. Es muy importante hacer una buena combinación de mentores y estudiantes. A veces hay que hacer cambios. De vez en cuando invito a un segundo mentor para ayudar con un estudiante en particular. Presto especial atención en ayudar a los mentores a administrar bien su tiempo. Deben llegar a clase preparados para enseñar; necesitan dedicar tiempo para reunirse con los padres después de clase y llegar a la misa de 9:30 a tiempo.

Todo esto parece una especie de malabarismo. Las personas a cargo del programa, por una parte, deben establecer expectativas claras y rutinas predecibles. Por otra parte, deben establecer un programa radicalmente descentralizado y personalizado según las necesidades de cada estudiante. Pero no es una tarea imposible. Todos podemos lograrlo.

6

Trabajar con padres, estudiantes y adolescentes mentores de la fe

Imagina que eres el coordinador del programa de una parroquia que ofrece instrucción personalizada. Has lanzado el programa; ahora debes ejecutarlo y desarrollarlo. Prepárate para el crecimiento. Es muy probable que el programa tenga éxito. Tu éxito será evidente a medida que jóvenes con discapacidad de desarrollo reciban la Eucaristía, la Reconciliación y sean confirmados. Los padres estarán satisfechos, y algunos hasta sorprendidos de que sus hijos lo hayan logrado. Se correrá la voz y más padres vendrán a tocar tus puertas. Con más estudiantes surgirá la necesidad de más mentores, más espacio, más materiales y más reuniones. Implementarás un programa con muchos elementos y muchos participantes.

Hay desafíos y cuestiones que enfrentarás a medida que el programa avance. Lo más importante es desarrollar el contenido del programa, trabajar con los padres, reclutar y capacitar mentores y ayudarlos a trabajar eficazmente con los estudiantes. Estos son los desafíos que ya conocemos. Pero nunca estarás preparado para todo. Siempre habrá sorpresas.

Tuve una sorpresa el primer domingo cálido de primavera el primer año del programa. Encendí el ventilador del techo de la biblioteca antes de que comenzara la clase. Un niño llamado Timmy entró y quedó hipnotizado por las aspas que giraban, por lo que apagué el ventilador. Timmy salió del aula, entró a otra y encendió el ventilador. Lo seguí y apagué el ventilador. Timmy entró al aula siguiente, y a la otra, y a la otra, encendiendo los ventiladores; yo lo seguía y los apagaba todos. Timmy no regresó a la clase hasta que no hubo encendido los ventiladores en las quince aulas del edificio. Pese a que por mi labor profesional sé que a las personas con autismo les fascinan las cosas que giran, esto me tomó por sorpresa. Ahora ya lo sabemos. La llamo "la regla de Timmy": no encender los ventiladores en las aulas que se usan para el programa adaptativo de educación religiosa.

Practicar rituales

Es importante adaptarse a las necesidades de los niños; de ahí el término *adaptativo*. Un ejemplo de adaptación es practicar los rituales sacramentales antes de que los estudiantes reciban los sacramentos. En nuestro primer año del programa, cuatro de los cinco estudiantes se preparaban para recibir la Eucaristía. A medida que se acercaba la fecha de la Primera Eucaristía, decidí que los estudiantes practicaran cómo recibir la Sagrada Comunión. Esta práctica ha resultado ser una de las características más importantes de la preparación sacramental.

Es importante practicar el ritual ya que los niños con autismo se ponen nerviosos con las situaciones novedosas. Recibir la Sagrada Comunión por primera vez puede ser una experiencia que genera excepcional ansiedad; la práctica reduce la cantidad de cosas desconocidas y ayuda a los niños a acostumbrarse a lo nuevo. Observar y practicar también demuestra la manera de comportarse con reverencia a los niños que suelen ser pensadores concretos y que tienen dificultad con los conceptos abstractos como la reverencia. Comienzo pidiendo a los mentores que caminen de la manera correcta para recibir la Sagrada Comunión: avanzar con manos juntas en actitud de oración, inclinarse antes de llegar al ministro de la Eucaristía, extender las manos para recibir la hostia y decir "Amén" en respuesta a "El Cuerpo de Cristo". Los estudiantes prestan especial atención a esto; después forman una fila y hacen lo mismo. La mayoría aprende de manera visual. Lo entienden cuando lo ven.

En nuestra clase se practica cómo recibir la Sagrada Comunión en enero y otra vez en marzo a medida que se acerca la fecha de la Primera Eucaristía. Practicamos juntos en grupo, con niños de más edad que han recibido su Primera Eucaristía junto con los más jóvenes. Los mentores sirven como ministros de la Eucaristía de práctica. (Una de mis intenciones ocultas es lograr que los mentores adolescentes consideren asumir otras funciones de servicio en la parroquia, como por ejemplo convertirse en ministros extraordinarios de la Sagrada Comunión). La Eucaristía es el único sacramento que practicamos juntos. Los estudiantes que se preparan para la Confirmación practican el sacramento de manera individual, con mentores que asumen el rol de obispo y de padrino.

Practicar el sacramento de la Penitencia y la Reconciliación es algo que requiere más participación. Muchos niños no pueden aprender de memoria las oraciones que suelen ser parte del sacramento, y a muchos les cuesta comprender el concepto de pecado. El pecado implica la ruptura de una relación, y los niños con autismo tienen dificultad para comprender las necesidades, las motivaciones y los sentimientos de otros. A menudo los mentores incluyen a los padres en el proceso de preparación. Ellos pueden ofrecer ejemplos de las conductas con los miembros de la familia en casa que ayudan a que el niño entienda qué llevar ante Dios para recibir su perdón.

Si bien es un desafío, hemos preparado con éxito a niños con poco o nulo lenguaje verbal para el sacramento de la Penitencia y la Reconciliación. Mis mentores adolescentes han sido muy eficientes para enseñarle a nuestro párroco cómo comunicarse con sus estudiantes de modo que puedan confesarse.

El año litúrgico

Como todo programa de educación religiosa, el programa adaptativo hace hincapié en los tiempos litúrgicos de Adviento, Navidad, Cuaresma, Semana Santa y Pascua. Los tiempos son muy populares entre los estudiantes.

Les gustan la corona de Adviento, los cirios, el árbol de Navidad, las cenizas, el crucifijo y los símbolos que se relacionan con los tiempos litúrgicos.

En nuestro programa suspendemos las lecciones regulares a principios de diciembre para dar dos sesiones en Adviento y una sobre el nacimiento de Jesús. Exhibo una gran corona de Adviento y demuestro cómo encender y apagar los cirios. Los cirios producen un impacto directo en los estudiantes. Todos deben turnarse para apagar los cirios. También hago dos sesiones en Cuaresma y una sobre la Resurrección.

Yo mismo (con la ayuda de los mentores) presento esas lecciones al principio de la clase en las que tanto padres como estudiantes están presentes. Pienso que es muy importante transmitir los conceptos básicos y que los padres los escuchen y los sigan o los practiquen durante estos tiempos especiales. Las sesiones del año litúrgico son oportunidades perfectas para animar a los padres a que integren la oración y las devociones católicas en su vida familiar.

Materiales complementarios

Cuando implementé el programa no había pensado cuán importantes iban a ser los útiles y los materiales complementarios. La mayoría de nuestros estudiantes son aprendices visuales. Algunos aprenden exclusivamente de esta manera. Con el método de catequesis personalizada, suele ser útil para los mentores usar herramientas prácticas que fomenten la participación pero que no distraigan ni le generen ansiedad al estudiante. Durante años, los mentores han desarrollado sus propios materiales. Ahora, sobre la base de la instrucción individualizada, el

Adaptive Finding God Program [Programa adaptativo Encontrando a Dios] incluye instrucción catequética para mentores, así como una variedad de herramientas prácticas de aprendizaje, entre ellas rompecabezas, historias conceptuales y canciones.

Es importante tener a la mano un buen suministro de los materiales necesarios para este tipo de enseñanza: cartulina, lápices de colores, marcadores, crayones y cosas por el estilo. También debemos brindar los materiales para los proyectos de arte: tijeras, pegamento, cinta adhesiva, etcétera. Los mentores suelen traer materiales de su casa, aunque no se les pide que lo hagan. Como el programa comienza en el otoño, es fundamental observar cómo tus mentores adaptan las lecciones para que puedas brindarles los materiales necesarios.

Reclutar mentores

Una de las responsabilidades más importantes y también uno de los mayores desafíos, es reclutar y capacitar mentores talentosos y comprometidos. Es una tarea constante. Necesitarás más mentores a medida que tu programa avanza y deberás reemplazarlos año tras año a medida que ellos siguen adelante con su vida. El reclutamiento es más sencillo si tu parroquia acoge a personas con discapacidad, cuando son visibles en tu parroquia y cuando se les recuerda frecuentemente a los feligreses sobre los progresos en el programa y las necesidades continuas de sus feligreses hermanos.

Hacer un llamado directo suele ser lo más eficaz. Suelo predicar en Nuestra Señora de la Gracia y un par de veces al año invito a los adolescentes a que consideren ser mentores de la fe en el programa. Invito a los jóvenes a que hablen conmigo después de la misa y a que observen una clase; siempre lo hacen.

He tenido gran éxito al reclutar en las escuelas secundarias locales, tanto católicas como públicas. Muchas escuelas secundarias requieren que sus estudiantes completen algunas horas de servicio comunitario. Los estudiantes también buscan oportunidades de servicio comunitario para fortalecer sus solicitudes de ingreso a la universidad. Algunos estudiantes de secundaria consideran la posibilidad de seguir carreras en educación especial y buscan experiencia en ese campo. Les pido a los consejeros académicos de las escuelas secundarias que me envíen estudiantes que puedan estar interesados. Como profesional en el campo, me suelen invitar a dar charlas sobre discapacidades de desarrollo en escuelas secundarias y en reuniones de padres; cuando voy, siempre menciono las necesidades de los niños con autismo y la necesidad de mentores adolescentes. Quizás haya personas en tu parroquia que son profesionales y que pueden hacer lo mismo cuando hablan con grupos de la comunidad.

Algunos de los mejores reclutadores son los mismos mentores. Muchos vienen al programa porque un amigo les contó lo gratificante que es ayudar a un niño con discapacidad a recibir los sacramentos y a desarrollar una relación con Dios. También les pido a los adolescentes interesados que vengan con algún amigo a los encuentros informales, y muchos lo hacen. Los adolescentes suelen ser muy sociables.

La enseñanza en el programa adaptativo de educación religiosa es algo productivo e interesante que los amigos pueden hacer juntos. El programa es un espacio donde pueden hacer nuevas amistades. Algunos mentores hasta han reclutado a sus hermanos menores para el programa.

Muchos mentores han tenido contacto personal con niños con discapacidad antes de llegar al programa. Uno de nuestros mejores mentores de la fe es Gary, cuyo hermano tiene autismo. Al principio vino de mala gana; sus padres le insistieron para que lo hiciera. Pero algunas semanas después desarrolló un vínculo muy estrecho con su estudiante. Una vez el estudiante, un niño pequeño, se aferró a la pierna de Gary y fue muy difícil convencerlo de que lo soltara. A Gary lo conmovió profundamente la devoción del niño. Le gustaba la sensación de sentirse querido; le gustaba la idea de que realmente tenía algo importante que ofrecerle a alguien que lo necesitaba.

Otra fuente de mentores de la fe es el mismo programa. Uno de nuestros mentores es Adam, un niño de catorce años con autismo que fue confirmado después de estar cuatro años en el programa. Por lo general los estudiantes dejan el programa después de ser confirmados, pero Adam deseó quedarse. Lo invité a colaborar con un mentor experimentado y los dos trabajaron con un joven que se estaba preparando para recibir la Eucaristía. El niño estableció una conexión profunda con Adam. Esto entusiasmó a Adam, que estaba muy complacido de poder dedicarse a otra persona. Esto no es algo fuera de lo común. El programa tiene un efecto poderoso y positivo en muchos mentores adolescentes quienes, después de todo, también luchan con las preocupaciones e incertidumbres de la adolescencia.

Trabajar con los padres

El programa ha tenido a menudo un efecto positivo en los padres que va más allá de la satisfacción de ver a sus hijos aprender sobre Dios y recibir los sacramentos. Muchos padres llegan a vivir una vida de fe más profunda gracias al programa. Algunos vuelven a conectarse con la Iglesia después de un largo período de alejamiento, dolor e indiferencia. Otros se convierten en católicos activos por vez primera. El programa es fuente de apoyo personal para los padres: ellos pueden hablar acerca de las tensiones de sus vidas en un entorno de honestidad, encontrando comprensión mutua y apoyo.

Primero se debe establecer contacto con los padres. Algunos comunicarán sus necesidades a los ministros parroquiales, pero muchos otros no. Muchos padres no creen que sus hijos sean aptos para la educación religiosa porque la parroquia no brinda el tipo de servicios de apoyo que están acostumbrados a recibir en las escuelas públicas. A menudo los padres piensan que la educación religiosa es demasiado difícil para sus hijos. No desean exponer a sus hijos a una situación en la que fracasarán. Quizás sea por ello que muchos padres tienden a subestimar las capacidades de sus hijos, sobre todo cuando son pequeños. En mi labor profesional he visto a menudo jóvenes que se desempeñan mucho mejor de lo esperado cuando tienen la posibilidad de expresarse y cuando los adultos son pacientes con ellos.

> ## Cinco motivos por los que los padres son esenciales para el éxito de la catequesis personalizada
>
> 1. Los padres ayudan a los mentores adolescentes a conocer a sus hijos, sus fortalezas, cuáles son sus gustos y preferencias y cuáles son sus estilos de aprendizaje.
> 2. A veces la presencia de un padre o madre ayuda a reducir la ansiedad de un niño en una situación nueva.
> 3. Los padres deben reforzar las lecciones durante la semana.
> 4. Los padres necesitan ver que su hijo aprende de un mentor.
> 5. Los padres pueden tener sus propios diálogos guiados durante la clase.

Se pide a los padres que asistan al programa con sus hijos por varias razones. Una de ellas es de índole práctica: es vital que los mentores conozcan bien al niño y nadie conoce mejor a un hijo que sus padres. El mentor debe entender cómo aprende el niño, qué lo angustia, qué le agrada y las estrategias que los padres usan para animar y recompensar al niño. Esta comunicación se fortalece enormemente cuando los padres participan desde el comienzo y están presentes en la clase. A veces algún niño ansioso que viene al programa por primera vez querrá que alguno de sus padres se siente con él durante la lección.

Los padres también tienen que asistir pues les pedimos que refuercen la lección en casa. Muchos niños necesitan instrucción adicional pues no llegan a comprender totalmente la lección la primera vez. Al final de cada clase de domingo, el mentor tiene un breve encuentro con el padre o la madre para repasar la lección. Este tipo de participación de los padres es aconsejable en la educación religiosa en general. Por suerte tenemos buenos motivos para solicitar su presencia en el programa adaptativo de educación religiosa, y su presencia beneficia a todos.

También me gusta que los padres estén presentes para que puedan ver aprender a sus hijos. Muchos son escépticos cuando se les dice que su hijo tendrá un mentor adolescente. Muchos no han visto otra cosa más que fracaso y desilusión cuando se trata del aprendizaje de su hijo. Algunos no tienen idea de lo que su hijo es capaz de hacer. Muchos padres se sorprenden con el progreso de su hijo durante una clase semanal de cuarenta y cinco minutos.

La última razón para pedir a los padres que asistan es reunirlos para un diálogo moderado mientras sus hijos están en la clase. Como coordinador del programa, he conducido este diálogo durante varios años antes de pasarle la estafeta a otro moderador. En estas conversaciones surgen varios temas. Los padres hablan de lo difícil que es la vida en el hogar con un niño con discapacidad. Algunos comentan sobre sus dificultades en la iglesia. Comparten ideas. Hablan unos con otros sobre los servicios disponibles para sus hijos. A menudo las familias establecen relaciones entre sí, lo que ayuda a los niños con dificultades a poder hacer amigos, y además rompe el estado de aislamiento que tanto aflige a sus padres.

Trabajar con los mentores y estudiantes

El éxito del programa depende de la relación entre el mentor y el estudiante. La labor más importante del coordinador del programa es asegurarse de que esta relación funcione bien. El coordinador debe asignar a los estudiantes al mentor que esté más capacitado para enseñarle. Para ello, el coordinador debe entender cómo aprende cada estudiante y cómo enseña cada mentor en particular.

Una de las lecciones más importantes que aprendí en el primer año del programa fue la importancia de entender cómo aprenden los estudiantes. Cuatro niños se preparaban para recibir la Eucaristía; cada uno se comportaba y se comunicaba de modo muy diferente, y a cada uno se le enseñó con éxito de maneras diferentes.

Freddy era un niño con autismo de alto funcionamiento. Comprendía muy bien el lenguaje y le encantaba participar en juegos de palabras. Le gustaba distraer a su mentor de la lección haciendo adivinanzas.

Benjamin no hablaba mucho, y le llevaba mucho tiempo procesar información. Aprendió haciendo y viendo más que escuchando a su mentor explicar la clase. Le encantaban las manualidades. En ese primer año hizo una corona de Adviento con cartulinas de colores. Me tomó la mano, la acercó a la llama de papel amarillo y dijo: "Caliente".

A James le costaba mucho mantenerse concentrado en un tema. Solía distraerse, y siempre terminaba hablando de su perro. Amaba a su perro y llevaba su foto en el bolsillo cada vez que salía de casa.

Keith era un pensador extremadamente lógico y concreto. Entendía que Jesús era el hombre representado en el crucifijo, pero no entendía cómo el mismo Jesús podría estar en un trozo de pan. Preguntaba: "¿Cómo es posible que Jesús esté ahí arriba [en el crucifijo] y en esto [mientras sostenía la hostia no consagrada que usábamos para practicar]?".

Trabajé con mentores para hallar el estilo de aprendizaje que mejor propiciaba el aprendizaje de estos niños. Para Freddy, que era diestro en el lenguaje, hallé una mentora con talento para explicar e ilustrar visualmente conceptos, aprovechando su buen lenguaje expresivo. (También le ayudé a evitar verse atrapada en sus acertijos). Puse a Benjamin con una mentora a la que le encantaban los proyectos artísticos. Cuando la mentora de James advirtió su obsesión con su perro, inventó historias con una lección de religión en la que un perro (que tenía el mismo nombre que el de James) desempeñaba un papel importante. James escuchaba con atención esperando que su perro apareciera en la historia.

En el caso de Keith, yo mismo participé. (En realidad, su mentor vino a decirme: "Diácono, usted deberá encargarse de esto"). Keith quería una explicación lógica sobre cómo ese mismo Jesús que estaba en la cruz podía estar presente también en la hostia. Expliqué la Consagración del Pan y Vino como mejor pude y también le dije que no podemos "demostrar" muchas cosas sobre los misterios de nuestra fe del mismo modo que podemos demostrar cosas con números. Keith lo aceptó, pero años más tarde sigue perplejo. Cada vez que lo veo desea conversar sobre la Presencia Real de Jesús.

La historia de Keith es especialmente pertinente para los catequistas. Muchos niños con autismo son pensadores lógicos y concretos (aunque no por lo general al extremo de Keith). No captan los matices ni las sutilezas, y les desagrada la ambigüedad. Para ellos es importante que el material esté bien organizado y sea presentado de manera lógica y que lleve a una conclusión. Muchas verdades y misterios de nuestra fe no encajan con claridad en este modelo pedagógico. Los catequistas que enseñan a niños con autismo y otras necesidades especiales deben ajustar consecuentemente sus métodos de enseñanza. Con frecuencia les recuerdo a los mentores que jamás "demostrarán" algunas cosas sobre nuestra fe. Se frustrarán si insisten en hacerlo.

Al igual que los niños a quienes enseñan, los mentores tienen fortalezas especiales. Algunos inventan buenas historias; otros tienen habilidad para los proyectos de arte. Algunos enseñan con música; y otros son buenos para diseñar juegos. Trato de exponer a los mentores a distintas técnicas de enseñanza para que puedan añadir nuevos métodos a su repertorio.

Aprender a comunicarse

Los mentores de la fe deben aprender la manera de comunicarse con sus estudiantes. Para esto los mentores deben conocer las características del autismo que más afectan la comunicación. Hablo con los mentores sobre este tema en el taller de orientación antes de que comience la clase, y continúo trabajando sobre el mismo durante el año. He aquí algunos de los puntos más importantes para entender:

Aprender a esperar. Muchos niños con autismo responden con lentitud. Muchos de nosotros seguimos el flujo de una conversación de manera natural. Alguien pregunta y nosotros respondemos. Alguien hace un comentario y nosotros aportamos el nuestro. Muchos niños con autismo no pueden hacerlo porque su capacidad de procesar información es diferente. Pueden responder correctamente, pero solo después de una prolongada pausa. En algunos casos la pausa puede durar tanto como noventa segundos. Esperar diez o quince segundos para una respuesta es mucho tiempo. Noventa segundos parecen una eternidad.

Cuando interactúan con una persona con autismo por primera vez, las personas se inquietan por tanta demora en la respuesta. He trabajado de manera profesional con niños con autismo durante muchos años y aún tengo que recordarme a mí mismo que debo esperar para que respondan a mis preguntas. Con mucha frecuencia los niños responderán, pero debo ser paciente y esperar. La respuesta latente también puede ser perturbadora para niños con autismo. Tienen en cuenta que se espera que respondan con más rapidez a preguntas o a información nueva; pero, simplemente, no lo pueden hacer. Esta es una de las razones por las que los niños con autismo suelen hablar interminablemente sobre la Guerra de Secesión, automóviles, alineación de jugadores de equipos de béisbol y otros temas que han estudiado con obsesión. Esto les ofrece algo de qué hablar cuando se encuentran en situaciones con otras personas que les generan ansiedad.

Crear un ambiente tranquilo para el procesamiento auditivo. A las personas con autismo les resulta difícil clasificar la información que reciben de los distintos sonidos que oyen. No oyen lo mismo que tú. Tú puedes leer un libro con música suave de fondo o puedes mantener una conversación mientras miras televisión. Por lo general, las personas con autismo no pueden dejar de lado el ruido externo para enfocarse en lo que tú estás diciendo. Por eso los cantos en grupo, la hora de narrar historias y otras actividades grupales en entornos organizados como los académicos no funcionan con estos niños. Y por eso, las aulas para la catequesis personalizada deben ser lugares tranquilos.

Permitir tiempo para poder hacer ajustes. Las personas con autismo generalmente necesitan tiempo para adaptarse a las nuevas situaciones, aun aquellas que ya han vivido, como la misa y la escuela. Pueden lograrlo, pero necesitan tiempo. Un nuevo entorno (como la iglesia o la escuela) y nuevas personas (como el sacerdote, mentores y otros niños) ocasionan una marea de imágenes, sonidos y otra información sensorial que debe ser clasificada y entendida. Los mentores (y otras personas) pueden facilitar esta transición pasando lentamente al material nuevo.

Una de las deficiencias más notables del autismo es la incapacidad de entablar conversaciones triviales. Las conversaciones triviales (conversar sobre el estado del tiempo u otros acontecimientos insignificantes del día) nos ayuda a hacer una fácil transición hacia nuevas situaciones. Para las personas con autismo, este tipo de charlas no tienen sentido. En vez de intentar entablar charlas triviales, los mentores pueden hacer que sus estudiantes se sientan a gusto hablando de su tema preferido.

Mantenerse concreto y literal. La mayor parte de nuestro lenguaje es metafórico. Nos gustan los juegos de palabras, los proverbios, las frases hechas y las analogías. Las personas con autismo son propensas a pensar de manera literal y concreta. Expresiones como "esto es un manicomio" o "diste en el clavo" suelen parecer absurdas y generan confusión. Para ellos, las palabras tienen un solo significado. No suelen entender los chistes. El humor que deriva del juego de palabras, los malentendidos y los planes frustrados no surtirán efecto en ellos. Lo que para nosotros parecen bromas afectuosas, para un niño que es pensador concreto y que ha sido víctima de intimidación por parte de otros niños, puede parecer eso: intimidación.

Aceptar un mal día con humor y compasión. Los niños con autismo se alteran con facilidad. Un mal día suele ser consecuencia de problemas que para otros parecen pequeños y comunes: una tormenta de nieve, falta de sueño, hambre, una discusión con un hermano. Es posible que un niño llegue a la clase enojado y angustiado porque no durmió bien o porque su madre tomó otro camino al que no está acostumbrado. Algunos días son simplemente eso, malos días; el mentor debe aceptar que no se logrará hacer mucho esos días. Es importante que los mentores y los padres tengan una buena comunicación sobre esta realidad.

Momentos de aprendizaje para los mentores

Explico el autismo a los mentores de la fe en una sesión de orientación un sábado antes de que comiencen las clases. Hablo durante tres horas, y ofrecemos un almuerzo. Se pide a los nuevos mentores que asistan, se invita a los mentores que regresan y también a los padres de todos los mentores. Esta orientación debe ser brindada por una persona informada, por lo general alguien que trabaja en el campo del autismo y la educación especial. No es difícil hallar a estas personas; seguramente en tu comunidad y hasta en tu parroquia, hay profesionales en educación especial. La mayoría están acostumbrados a explicar a quienes no son profesionales sobre las discapacidades.

Si bien preparamos a los mentores de la fe de la mejor manera posible, no existe un sustituto para la experiencia práctica. Me doy cuenta de que puedo ayudarlos mejor cuando surgen los "momentos de aprendizaje".

Uno de esos momentos sucede cuando el mentor ve por primera vez una estereotipia. Hablo mucho sobre las estereotipias en la orientación, pero la mayoría de los mentores no entienden en realidad lo que es hasta que ven a un niño sacudir las manos en clase. Después los ayudo a darse cuenta de qué se trata en realidad: reacción al estrés, felicidad o entusiasmo, sobrecarga sensorial, o aburrimiento.

Los berrinches y las rabietas son momentos de aprendizaje. Cuando un niño se angustia por primera vez en la clase, también los mentores se angustian. Suponen que ellos o el estudiante han hecho algo mal y que se debe hacer algo de inmediato para arreglar las cosas. Pero nadie tiene la culpa de las rabietas. Suceden porque algo le ha molestado a un niño que por lo general carece de la facilidad verbal para explicar el porqué. A veces lo único que se puede hacer es dejar que el berrinche siga su curso y después ayudar al mentor a que descubra la manera de continuar y finalizar la lección si es posible.

Con mucha frecuencia animo a los mentores a dejar que los estudiantes establezcan algunas reglas. Los niños con autismo suelen lidiar con situaciones nuevas que les generan ansiedad tratando de controlarlas, al menos parcialmente. Suele ser mejor trabajar con paciencia con estas reglas en lugar de oponerse a ellas. Les cuento a los mentores sobre Jim, un niño que está en su cuarto año del programa adaptativo de educación religiosa. Cuando vino por primera vez, Jim insistía en que su madre se sentara con él durante las lecciones. Después de un tiempo decidió que no era necesaria la presencia de su madre, pero quería estar solo con su mentor en la clase. Todo iba bien hasta que alguien más entraba al aula; entonces Jim montaba en cólera. Poco a poco, Jim relajó sus reglas. Ahora se siente a gusto con las personas del programa y está progresando satisfactoriamente hacia la Confirmación.

Sentirse cómodos con la incertidumbre

Los mentores de la fe exitosos se han acostumbrado a la incertidumbre. Es difícil saber lo que sabe un niño con autismo. Es difícil entender el comportamiento de los niños con autismo. Ellos dan a sus maestros menos información que la mayoría de los niños. Es difícil entender por qué las cosas pueden ir bien o ir mal. A menudo un estudiante terminará por hacer algo que se ha estado negando a hacer. No es necesario que sepas por qué algo anduvo mal; solo prepárate para implementar el plan B.

A todos los maestros les intriga qué es lo que han comunicado a sus estudiantes. Los mentores en el programa adaptativo de educación religiosa viven esta incertidumbre con mucha intensidad. A menudo, se puede ser un excelente mentor y tener la mejor enseñanza simplemente dejando que las cosas se desenvuelvan por sí solas.

Pienso en Robert, un joven con parálisis cerebral y una discapacidad auditiva. No habla demasiado; es posible que también tenga autismo, pero es difícil estar seguros. Pese a sus discapacidades severas, Robert es muy carismático y tiene conexiones muy profundas con algunas personas. Los mentores de la fe que comprenden a Robert han logrado cosas notables con él. Entablan diálogos de ida y vuelta con Robert, que usa un dispositivo especial para comunicarse. Por momentos Robert puede estar muy entusiasmado por sus interacciones con los mentores, algo que sus padres o sus terapeutas no suelen ver. No he participado tan directamente en la enseñanza de Robert. Me hice a un lado y observé a los mentores intentar técnicas diferentes hasta que alguna funcionó.

Los mentores han comunicado las verdades centrales de nuestra fe a Robert. Creo que Robert las entiende, pero, como suele ser el caso, es difícil saber exactamente qué es lo que sabe. Les digo a los mentores que realicen su mejor esfuerzo y confíen en el Espíritu Santo. Como decía san Ignacio de Loyola: "Basta con un esfuerzo competente y suficiente, y deja lo demás a Dios".

> Como decía san Ignacio de Loyola: "Basta con un esfuerzo competente y suficiente, y deja lo demás a Dios".

7

Los sacramentos

Los sacramentos son el centro de la vida católica; es natural entonces que el aprendizaje sobre los sacramentos y la preparación de los niños para recibir los sacramentos sean parte importante del programa adaptativo de educación religiosa. A menudo los jóvenes llegan al programa porque sus padres desean que reciban la Primera Eucaristía y la Reconciliación. Los estudiantes completan el programa cuando reciben el sacramento de la Confirmación.

El primer desafío consiste en establecer que los niños con discapacidad pueden recibir los sacramentos. El Bautismo no suele ser un problema, pero muchos católicos, entre ellos líderes pastorales, creen erróneamente que los niños con discapacidad no necesitan la Eucaristía, la Reconciliación o la Confirmación, o piensan que estos niños no cumplen con los requisitos mínimos para recibirlos. Se dice a veces que están en una categoría espiritual separada, la de los "hijos especiales de Dios", y que no necesitan las gracias sacramentales que están disponibles para otros católicos. Implementé nuestro programa para cuestionar tal suposición cuando se les negó la Primera Eucaristía a los dos niños con autismo.

Algunos líderes pastorales y padres tienen dudas válidas sobre la capacidad de los niños con autismo y otras discapacidades para comprender el significado de los sacramentos con la profundidad suficiente como para recibirlos. Pero estas dudas raras veces tienen fundamento.

Según la USCCB, todo lo que se necesita para recibir la Primera Eucaristía es que "la persona sea capaz de 'distinguir el cuerpo de Cristo de otro alimento ordinario' incluso si este reconocimiento se expresa por la compostura, gestos, o silencio reverencial en lugar de verbalmente" (pág. 32). Según las orientaciones, todo lo que una persona necesita para recibir la Reconciliación es "un sentido de contrición por haber cometido un pecado, incluso si no puede describir el pecado con palabras, puede recibir la absolución sacramental". Y las orientaciones de la USCCB establecen que los católicos bautizados "que [. . .] pidan debida y razonablemente" (pág. 24) el sacramento de la Confirmación lo pueden recibir "convenientemente instruidos, bien dispuestos y puedan renovar las promesas del Bautismo" (pág. 26). No obstante, las orientaciones añaden: "Las personas que, a causa de discapacidades intelectuales o de desarrollo, quizá nunca alcancen el uso de razón, pueden recibir el sacramento de la Confirmación y se las debe animar, directamente o, si es necesario, a través de sus padres, a recibirlo". Prácticamente todos los niños con discapacidad de desarrollo son capaces de prepararse para cumplir con estos requisitos.

Esto no significa que la preparación sacramental no tenga sus retos. Requiere esfuerzo, considerable creatividad, perseverancia y un criterio muy fino. La mayoría de los niños con autismo son pensadores concretos. Les atraen los signos externos de los sacramentos: el agua, el pan, el vino, el aceite. Pero comprender las verdades espirituales que implican estos signos suele producirse con más lentitud. Aunque los requisitos para recibir estos sacramentos son pocos, aún tenemos la responsabilidad de preparar a los niños de la mejor manera posible. Muchas parroquias han desarrollado maneras de prepararlos y Loyola Press ofrece kits de preparación sacramental adaptativa para la Primera Eucaristía, la Reconciliación y la Confirmación para niños con autismo y otras necesidades especiales tanto en inglés como en español.

El Bautismo

El Bautismo no suele ser un problema porque la mayoría de los niños con autismo son bautizados cuando son bebés o a la edad de uno o dos años, mucho antes de que se evidencie y se diagnostique la discapacidad. Para ser claros, el derecho canónico establece que la discapacidad en sí misma nunca es motivo para denegar o posponer el Bautismo. Cualquier persona que aspira al Bautismo puede recibir el sacramento. Se debe bautizar a personas que carezcan del uso de razón si un padre o madre o tutor lo pide. La única razón para negarle el Bautismo a alguien es si no hay esperanza de que la persona sea criada como católica.

Es posible que de vez en cuando se presente el Bautismo de un adulto con discapacidad. Esto ha ocurrido una vez en mi programa parroquial. Un joven de unos veinte años, no bautizado y con un autismo severo, se acercó a mí con su madre y pidió ser bautizado. El ejemplo de los cuidadores católicos en el hogar grupal en que vivía lo atrajo a la Iglesia. Lo preparamos para el Bautismo con los materiales que son parte del currículo de todos los estudiantes. Estos materiales se enfocan en el significado de los sacramentales que se utilizan en el Bautismo. El agua trae nueva vida; el óleo unge a la persona como hijo especial de Dios; el cirio significa la luz de Cristo que trae sabiduría. Los mentores de la fe incluyen a los padres en esta lección cuando pueden. Los padres traen fotos del Bautismo de su hijo y estas fotos se incorporan a la lección.

Cuando celebro bautismos en mi parroquia, siempre incluyo a niños en la medida de lo posible. Invito a los niños a la fuente bautismal para que me ayuden. Los niños me sostienen el libro, llevan los óleos preciosos y me rodean cuando derramo el agua del Bautismo sobre la cabeza del bebé. Es una ocasión de gozo, algo que recuerdo cuando algunos niños que bauticé llegan al programa adaptativo de educación religiosa como estudiantes.

Jerry es uno de esos niños. Lo recuerdo bien porque era uno de los trillizos bautizados en una bella tarde de domingo. Recuerdo los rostros radiantes de los padres y los abuelos de Jerry cuando bauticé a los tres bebés. Cuatro años más tarde la madre de Jerry vino a verme después de misa; se la veía demacrada y apesadumbrada. Comenzó a contarme que algo andaba mal, pero se echó a llorar y la abuela de Jerry tuvo que contarme la historia: a Jerry le habían diagnosticado autismo. Parecía que estaba seriamente afectado. El niño, que tenía cuatro años, no tenía lenguaje y pasaba horas andando por la casa sacudiendo constantemente las manos delante de sus ojos y haciendo estereotipias constantemente. La madre de Jerry estaba devastada. Al igual que todos los padres de niños con discapacidad de desarrollo, la madre de Jerry debió ajustar drásticamente sus expectativas respecto a su hijo. Ver a Jerry recibir los sacramentos era uno de los sueños a los que creyó que debería renunciar.

Pero Jerry llegó al programa y ha avanzado mucho en su preparación para la Primera Eucaristía. Su madre y su abuela ayudan en el programa. Dos mentores trabajan con Jerry. Jerry aprende sobre Dios y está entendiendo la forma en que Dios viene a nosotros en el pan de la Sagrada Comunión. Cuando observo trabajar a Jerry recuerdo a veces el feliz día de su Bautismo. El Bautismo fue el inicio de la vida sacramental de Jerry, no el final.

La Eucaristía

La Eucaristía es la "fuente y culmen de toda la vida cristiana", como indica elocuentemente el derecho canónico. Es justo afirmar que la Eucaristía también es el culmen del programa adaptativo de educación religiosa. Es el sacramento central, y le dedicamos mucho tiempo y atención.

Una vez más, las orientaciones de la USCCB estipulan que el único criterio para recibir la Sagrada Comunión es el mismo para todos: que "la persona sea capaz de distinguir el cuerpo de Cristo de otro alimento ordinario". Esta capacidad de distinguir puede demostrarse a través de "la compostura, gestos, o silencio reverencial en lugar de verbalmente" (pág. 32). En caso de duda, los ministros pastorales deben decidir en favor del "derecho del católico a recibir el sacramento". Está claro que casi todo católico bautizado puede y debe recibir la Sagrada Comunión.

Nuestro objetivo no es simplemente cumplir con estos requisitos mínimos, sino llevar a cada niño la apreciación más profunda de la Eucaristía de la que sea capaz. Suele ser difícil saber cuándo o incluso si hemos alcanzado este objetivo. Suele ser difícil darse cuenta de qué es lo que estos niños saben. Les digo a los mentores que no se sorprendan de nada cuando empiecen a preparar a estos niños para la Eucaristía. La idea de que Dios viene a nosotros en la forma del pan de la Sagrada Comunión no es un concepto fácil de entender para los niños con autismo. Ellos piensan lógica y concretamente; las metáforas y las analogías los confunden; los conceptos abstractos, las pistas, las sugerencias y las perspectivas están a menudo fuera de su alcance.

Cuando enseñamos sobre la Eucaristía necesitamos ser creativos y perseverantes. Es importante que los niños practiquen. Deben tocar y sostener la hostia no consagrada. Los invitamos también a comer la hostia y probar el vino no consagrado. Prepárate para las reacciones de sorpresa. Durante nuestro primer año practicamos la forma de recibir la Preciosa Sangre del cáliz. Llené el cáliz con vino de comunión no consagrado, pedí a los niños que hicieran una fila y los invité a probar el vino. De inmediato un niño lo escupió al suelo; esperaba probar un refresco. A algunos niños no les agrada el sabor del pan sin levadura y se niegan a comerlo. Es posible que el Pan y Vino de la Sagrada Comunión transgredan las estrictas reglas sobre la comida que tienen muchos niños con autismo, por eso es posible que se necesiten técnicas como el utilizar comidas similares al pan sin levadura para ayudar a que los niños coman la hostia. Se trata de una técnica usada por los terapeutas ocupacionales para que los niños hagan la transición de alimentos que conocen y les gusten alimentos que les son desconocidos. Los cambios son mínimos y por lo general implican un cambio de sabor, temperatura o textura. Hacer la transición desde un sabor y una textura que a un niño le gusta a una que puede presentar un desafío requiere paciencia y tiempo; incrementar la variedad o cantidad de comida puede llevar meses, e incluso años.

Scott, un niño que había llegado a un punto en su educación religiosa en el que estaba listo para recibir la Sagrada Comunión en la misa, no la tocaba ni se acercaba a nadie que la repartiera. Muy despacio introdujimos una hostia no consagrada. La técnica comenzó cuando él miró la hostia, la besó y le dio un pequeño mordisco. Finalmente dio un mordisco más grande y la comió. Esto ha llevado meses, pero Scott ha progresado mucho y ha recibido su Primera Eucaristía.

A menudo las reglas individuales de un niño acerca de la comida no son fáciles de entender. Los niños con autismo suelen tener reglas diferentes para diferentes lugares; por ejemplo, es posible que coman alimentos en la escuela que jamás comerían en casa. Las reglas cambian sin explicación. Pienso en Richard, que empezó su preparación para la Primera Eucaristía con mucha reticencia. Aunque parecía entender que la hostia en la misa era distinta de la comida normal, le temía a la hostia: la miraba con aprehensión desde el otro extremo del aula mientras los demás practicaban recibirla. Con el tiempo, poco a poco se fue acercando y finalmente tocó la hostia y la probó, pero de repente se retiró y no deseaba tener nada que ver con ella. Esto siguió así durante años. Entonces un domingo, inesperadamente, fue a la procesión de Comunión con su madre, se inclinó delante del ministro de la Eucaristía, recibió la hostia en la mano, dijo "Amén" y la comió. Desde entonces Richard ha estado recibiendo la Sagrada Comunión.

No sé por qué Richard se comportaba de esa manera. No sé por qué tenía miedo o por qué de repente decidió que la Sagrada Comunión era segura. Es posible que ni el mismo Richard lo sepa. Te preguntarás a menudo "¿por qué?" cuando trabajas con niños con autismo. Por lo general no hay una respuesta satisfactoria. Las reglas ayudan a los niños con autismo a sobrellevar situaciones que los angustian, y no hay duda de que los continuos desafíos que implica la educación pueden ser angustiantes. Es importante ser pacientes con las reglas y adaptarse al comportamiento desconcertante de un niño. Finalmente, el niño logrará entender. El Espíritu Santo encuentra la manera.

Las historias por lo general son eficaces a la hora de enseñar sobre la Eucaristía. Los mentores contarán la historia de la Última Cena y la compararán con la cena con su familia en casa. Los mentores describirán el milagro de los panes y los peces. Ayudarán a que los niños hagan dibujos sobre estos acontecimientos. Les digo a los mentores que eviten la explicación verbal prolongada y les aconsejo que nunca intenten convencer a un niño de que el pan de la Comunión es el Cuerpo de Cristo. Las explicaciones casi siempre confunden y los debates elaborados suelen ser contraproducentes. Las historias y los dibujos sobre la Comunión, y practicarla, dan mejores resultados. La práctica en clase se completa observando cuidadosamente la Comunión durante la misa. Los niños se inquietan con cosas que no les son familiares y que son "extrañas", y para muchos de ellos, la Eucaristía entra en la categoría de lo "extraño". La práctica y la repetición hacen que el rito sea algo conocido y eliminan la ansiedad y la angustia.

La perseverancia es una virtud en un programa adaptativo de educación religiosa. Un niño con el que trabajé, Steve, era un pensador muy concreto y no podía comprender cómo el pan común de la Comunión podía convertirse en el Cuerpo de Cristo. Esta dificultad se convirtió en un obstáculo para que Steve recibiera su Sagrada Comunión. Intenté explicárselo de varias maneras. Finalmente, comencé a ir a misa con Steve. En el momento de la Consagración, le decía: "Mira. Ese es el momento en el que ocurre el cambio". Por algún motivo, esto satisfizo a Steve. Saber cuándo se producía el cambio satisfizo su necesidad de ser específicos y él aceptó el milagro de la transubstanciación.

Es posible que tengas niños en el programa que siguen dietas libres de gluten ya que se piensa que esto puede reducir los síntomas de autismo y mejorar el funcionamiento cognitivo. Es posible que tengas niños celíacos y con otras afecciones que requieran una dieta libre de gluten. Desde hace algún tiempo, los católicos con estas alergias han podido recibir la Sagrada Comunión en forma de hostias con una cantidad mínima de gluten. La mayoría de las parroquias están acostumbradas al protocolo de usar estas hostias con bajo contenido de gluten en la misa. Deberás seguir el mismo protocolo cuando practiques la Comunión con niños que siguen dietas libres de gluten. Estas son las reglas para manipular hostias con bajo contenido de gluten, consagradas y no consagradas:

- La hostia con bajo contenido de gluten nunca puede estar en contacto con las hostias tradicionales.
- La hostia con bajo contenido de gluten debe guardarse en un copón separado tanto antes como después de la Consagración.
- El ministro de la Eucaristía que administra la hostia con bajo contenido de gluten nunca debe tocar una hostia con gluten. Si por necesidad el celebrante es el único ministro presente, debe usar un guante para proteger el recipiente de cualquier exposición a las hostias con gluten que el ministro haya manipulado antes.

La Reconciliación

El sacramento de la Penitencia y la Reconciliación se recibe en conjunto con la Eucaristía. La práctica habitual es que los niños celebren primero la Reconciliación e inmediatamente después reciban la Eucaristía.

Una vez más, las directrices de la USCCB establecen que las personas con discapacidad pueden recibir la absolución sacramental siempre y cuando tengan un sentido de contrición por haber pecado. Al igual que el requisito para recibir la Eucaristía (que la persona sea capaz de distinguir el pan de la Sagrada Comunión de los alimentos comunes), este es un requisito mínimo que incluye a casi todo católico bautizado. Como en el caso de la Eucaristía, tratamos de que el niño aprecie plenamente el sacramento de la Penitencia y la Reconciliación al punto que sea capaz.

Los desafíos de preparar a estos niños para el sacramento se reducen a tres preguntas:

1. ¿Distingue el niño entre el bien y el mal?

2. ¿Cómo puede el niño expresar contrición?

3. ¿Cómo puede un niño con habilidades verbales limitadas (o sin habilidades verbales) comunicarse con el sacerdote?

Jerry, uno de los trillizos que mencioné antes, es un ejemplo de estos retos en su forma más severa. Debido a que Jerry solo hablaba algunas palabras cuando llegó al programa, nos desafió a pensar de manera creativa sobre cómo prepararlo para un sacramento que por lo general depende de la comunicación verbal.

La primera tarea consistió en ayudar a que Jerry distinguiera el bien del mal. No fue fácil discernir cuánto sabía sobre esta diferencia. Si bien no hablaba, Jerry solía reaccionar cuando se le dirigía la palabra y parecía entender muchas palabras. Al igual que muchos niños con autismo, daba la impresión de saber más de lo que demostraba, pero era imposible estar seguros. Así que simplificamos las cosas. Les pedimos a la madre y la abuela de Jerry que nos hablaran de las cosas que hacía en casa que eran útiles y las que no lo eran. Los mentores de

Jerry hicieron dibujos en tarjetas que ilustraban estas cosas; por ejemplo, cuando peleaba con sus hermanas y dejaba el plato en el fregadero después de cenar. La mentora hizo un juego con tarjetas para Jerry. Le enseñaba una tarjeta; él la colocaba en el lugar "correcto" o "incorrecto". De esta manera Jerry podía demostrarnos que entendía lo que significaba la buena conducta. Nuestro párroco observaba a la mentora adolescente utilizar las tarjetas (y enseñándole así cómo comunicarse con Jerry) y pudo administrarle sin problemas el sacramento al niño.

Usamos variaciones de esta técnica para muchos niños del programa. La idea es que los padres identifiquen conductas en el hogar que el niño puede entender (cosas que hacen en realidad) y diseñen una manera visual de presentarlas. Esto también hace posible que nuestro sacerdote entienda cómo comunicarse con niños que utilizan comunicación no verbal. Los mentores suelen enfrentar resistencia de los padres que no creen que su hijo pueda hacer nada malo en el sentido moral debido a su discapacidad. Es una pregunta necesaria, pero el sentimiento general es que los niños que están en un programa adaptativo de educación religiosa pueden entender, aunque sea un poco, la buena y la mala conducta y pueden expresar remordimiento. De esta manera pueden recibir la sanación y la gracia del perdón de Dios. La tarea final consiste en administrar el sacramento en sí. Recibir la Reconciliación significa que el niño debe reunirse con el sacerdote, lo cual es algo nuevo y diferente, la clase de cosas que pueden angustiar a los niños con autismo. Nos aseguramos de que el sacerdote haya visitado la clase lo suficiente como para no ser un extraño. En la mayoría de las clases, el mentor le explica al sacerdote cómo se comunica el niño, qué cosas pueden angustiarlo y cualquier otra cuestión que pueda afectar su comunicación. Una de las delicias del programa adaptativo de educación religiosa es ver cómo los mentores adolescentes explican estas sutilezas al sacerdote.

La Confirmación

La Confirmación es el último de los sacramentos de la Iniciación; es el sacramento por el cual un católico se convierte en miembro pleno de la Iglesia.

Queremos que todos los estudiantes del programa sean confirmados. Este objetivo es una sorpresa para algunos. Suponen que la Confirmación está fuera del alcance de los niños con autismo u otras discapacidades porque estas son permanentes y por lo general severas, lo cual hace que la madurez cristiana plena sea imposible. Pero, ¿quién de nosotros es "plenamente maduro"? El objetivo para los niños con autismo y otras discapacidades es el mismo que el objetivo para todos: el mayor grado de madurez que sean capaces de alcanzar.

Las orientaciones para la Confirmación que elaboró la USCCB resaltan este punto. Al igual que con la Eucaristía y la Reconciliación, está claro que la actitud de la Iglesia hacia el sacramento es amplio e inclusivo. Las gracias sacramentales son para todos.

En el programa adaptativo de educación religiosa, la preparación para la Confirmación es un asunto individual. Comenzamos a considerar el sacramento cuando el estudiante tiene doce o trece años, la edad habitual para el sacramento; pero no hay apuro. El objetivo de la preparación es ayudar a que el estudiante llegue al máximo grado de madurez del que sea capaz en ese momento. La madurez no es una condición estática para los niños con autismo (ni para nadie). La fe del niño aumentará y se profundizará con el tiempo, y lo mismo sucederá con su participación en la vida de la Iglesia. La decisión de presentar a alguien para la Confirmación implica un discernimiento subjetivo sobre la predisposición del niño.

La preparación para la Confirmación resalta varias cuestiones. Una consiste en ayudar al estudiante a lograr un sentido más profundo de pertenencia a la Iglesia en general. La instrucción incluye lecciones sobre el alcance global de la Iglesia, su historia y su estructura. Animamos a los estudiantes a que asistan regularmente a misa y a que participen en otras actividades parroquiales. Ayudamos a los candidatos para la Confirmación a que adquieran un sentido de responsabilidad por su participación en la Iglesia. El crecer en madurez también implica que sean capaces de actuar por sí mismos sin necesidad de que se les diga qué hacer. Por último, la preparación resalta el servicio. Hablamos sobre maneras de ayudar a otras personas y de hallar formas de servir en la Iglesia.

Servir a otros es particularmente importante y es un desafío especial. El egocentrismo, un problema para todos nosotros, es una tendencia particularmente fuerte en las personas con autismo. Todo aquel que debe lidiar con una discapacidad invierte demasiado tiempo y energía satisfaciendo sus propias necesidades. Una vez más, el autismo y otras discapacidades afectan la capacidad de una persona de reconocer a otras personas como individuos con identidades únicas. La mayoría de los niños deben entender cómo servir a los demás.

Para Chris, un niño de octavo grado con autismo que llegó a nuestro programa para prepararse para la Confirmación, no fue algo natural poder considerar las necesidades de otros. Chris era un niño brillante al que le encantaba leer. Entendía la idea de Dios y los principios básicos del Evangelio y conocía la diferencia entre el bien y el mal. Pero Chris parecía totalmente enfocado en sí mismo. No tenía amigos. Al igual que muchos niños con autismo, era raro que reconociera a otras personas. Se conformaba con hacer las cosas a su manera y no parecía entender que las otras personas pensaban, sentían distinto y tenían necesidades diferentes de las suyas.

El mentor de Chris era un adolescente muy activo en la parroquia. Habló con Chris sobre su grupo de jóvenes, su tropa de exploradores y sobre servir como ujier en la misa. Chris comenzó a servir como uno de los ministros de la Eucaristía en nuestras sesiones de práctica con hostias no consagradas. Después el mentor reunió a Chris con Jason, un niño más pequeño de la clase que no tenía habilidades verbales.

A Jason le cayó bien Chris. Comenzaron a sentarse juntos antes y después de la clase. Un día Chris tomó el libro *Winnie the Pooh* y comenzó a leer. Jason alzó la mirada, sonrió y comenzó a reírse. Cuanto más leía Chris, tanto más reía Jason. Jason se rio tanto que se cayó de la silla. Desde entonces, Jason y Chris han desarrollado una relación estrecha. Chris fue confirmado, pero no se fue del programa. Se ha quedado como mentor asistente de la fe, trabajando principalmente con su amigo Jason.

Esto parece algo insignificante. Pero para un niño con autismo es significativo. Chris se va transformando de ser un niño confinado a la prisión de sí mismo a ser un católico adulto que sintoniza con otras personas, se interesa en su bienestar y está dispuesto y puede ayudar a otros. Es un milagro de la gracia, la gracia de los sacramentos, que son para todos.

8

Sorpresas

Me sorprendieron muchas cosas de nuestro programa. Algunas son cosas que observé, y otras son conclusiones a las que llegué después de reflexionar sobre los seis años de esta experiencia.

En primer lugar voy a relatar lo que observé. Tenía la corazonada de que los adolescentes serían mentores eficaces, pero me sorprendió que llegaran a ser tan buenos. Se entregaron al trabajo. Se encariñaron con sus estudiantes muy rápidamente. Comprendieron a sus estudiantes. Comprender al niño es una habilidad vital pero imprecisa. Aquellos que se comunican bien con niños con autismo deben descubrir lo que les interesa y cómo se comunican. Los adolescentes son muy buenos para eso, incluso mejor de lo que yo esperaba.

Fue una grata sorpresa descubrir lo creativos que pueden ser los mentores. Tomaban un plan de clase y hallaban la manera de comunicar las ideas planteadas usando palabras, imágenes, historias, juegos, rompecabezas, canciones. . . en definitiva, cualquier cosa que ayudara a su estudiante a entender. Los mentores adolescentes no siguen una única manera de enseñanza. Son más hábiles con los métodos visuales no verbales que la mayoría de los adultos, lo cual es fundamental para tantos niños con deficiencia en las capacidades del lenguaje.

He observado algunos beneficios colaterales que deja tener mentores que no están directamente relacionados con la educación religiosa. A los adolescentes les gusta estar juntos los domingos por la mañana. Hacen bromas y se reúnen antes y después de la clase. Crean amistades entre sí. Es también una oportunidad para que los jóvenes estén juntos en un lugar emocionalmente seguro.

También he observado cómo los estudiantes de más edad observan con atención la forma en que interactúan entre sí los mentores de la fe. Imitan lo que ven que hacen sus maestros. La mayoría de los jóvenes con autismo deben aprender conductas sociales apropiadas. Sus mentores no solo les enseñan sobre Dios, sino que también les enseñan a comportarse como adolescentes típicos.

Me sorprende y me gratifica la manera en que los padres y los familiares se han beneficiado del programa. No hay muchos programas de educación religiosa que requieran que los padres asistan con sus hijos, pero sentimos que podíamos requerirlo por razones prácticas. Los niños se sienten más seguros si sus padres están cerca, y los padres pueden ayudar a los mentores a comprender a su hijo. Pero los padres también se beneficiaron personalmente. Las conversaciones guiadas les dieron la oportunidad de compartir sus frustraciones y también sus esperanzas y éxitos. Algunos padres se hicieron amigos de otros padres.

Para algunos, las clases de los domingos por la mañana iniciaron un proceso de volver a conectarse con la Iglesia católica.

Mi observación final tiene que ver con el sorprendente grado de éxito que ha tenido el programa. No me sorprende que el programa funcionara; me sorprende lo bien que ha funcionado. Todos los niños que han permanecido en el programa han recibido los sacramentos. Hemos hallado una manera de comunicar las verdades fundamentales del Evangelio a niños con una amplia gama de discapacidades sensoriales, intelectuales y sociales. Me sorprendió ver que algunos de los estudiantes de más edad se convirtieron en mentores después de haber sido confirmados. Algunos de nuestros estudiantes de más edad con autismo han sido aceptados en escuelas secundarias católicas académicamente competitivas. Creo que el programa puede atribuirse algún mérito por infundir la confianza necesaria para que un joven con discapacidad pueda lograr algo así. También me satisface que muchos de nuestros mentores han seguido adelante en sus estudios en carreras en educación especial, psicología o medicina.

Después de reflexionar sobre mi experiencia y mis observaciones, he llegado a ciertas conclusiones que pueden ayudar al momento de considerar implementar un programa.

Primero, los jóvenes son capaces de mucho más de lo que creemos. Esto es verdad para los estudiantes y también para los mentores. Los niños con autismo pueden aprender más de lo que muchos los creen capaces. Solo necesitan la oportunidad, comunicación suficiente y maestros que no tengan pocas expectativas sobre lo que pueden lograr los niños. Los adolescentes pueden ser muy buenos mentores: algunos son extraordinariamente creativos y eficaces. Esto es una sorpresa para muchos. Y con esto demuestro mi argumento: los adolescentes pueden lograr más de lo que pensamos. Al igual que sus estudiantes, todo lo que necesitan es la oportunidad y el ánimo de adultos sin ideas preconcebidas sobre las capacidades de los adolescentes.

Segundo, esto es educación religiosa: algo que hacen todas las parroquias, y algo que hacen todos los padres si desean que sus hijos vivan una vida de fe activa. Los niños con autismo y otras necesidades especiales presentan un conjunto particular de desafíos, pero estos son desafíos que pueden enfrentar los mentores y los líderes catequéticos. Los adolescentes pueden aprender a enseñar la fe a los niños con autismo y otras discapacidades de desarrollo.

Esto nos lleva a la cuestión del conocimiento profesional. Un educador religioso experimentado con una mente abierta y el don de trabajar con adolescentes puede dirigir tu programa. Es posible que se pueda hallar a personas así en tu parroquia; si no, se las podrá hallar en la parroquia vecina. Sí debes recurrir al conocimiento de los profesionales para entender las discapacidades de los niños, pero puedes hallar a estos profesionales en tu parroquia y en tu comunidad. Se están desarrollando materiales específicamente para niños con autismo y otras necesidades especiales; el *Adaptive Finding God Program* [Programa adaptativo Encontrando a Dios] usa mentores adolescentes, al igual que herramientas de aprendizaje, para que el *Catecismo* sea algo concreto y que pueda enseñarse.

Una de las lecciones que he aprendido como profesional es no sobreanalizar mi función. El aura de conocimiento profesional puede obstaculizar la buena práctica en vez de reforzarla. A menudo la mejor opción es dejar que el niño, adolescente o adulto con discapacidad de desarrollo me guíe hacia la dirección correcta, y si quiero tener la suficiente confianza para dejarme guiar, debo conocer muy bien a la persona.

Y esta es la idea final: lo fundamental es la relación. La educación religiosa consiste en cultivar una relación con Dios por medio de Jesucristo y del poder del Espíritu Santo. La manera de ayudar a que los niños con autismo y otras discapacidades lo logren es construyendo una relación con ellos. Esto es lo que un método de catequesis personalizada puede ayudarnos a lograr: esencialmente a expresar el amor de Dios.

Epílogo

El programa que se describe en este libro tomó varios años en desarro-
llarse. El programa piloto de la parroquia Nuestra Señora de la Gracia de 2006 ni siquiera tenía nombre. Constaba de mí, de cinco niños
con autismo y de algunos adolescentes que estaban aprendiendo a ser
mentores. Tuvimos éxito, el programa fue creciendo y mejoramos en
la enseñanza y en el aprendizaje. Ayudé a otras parroquias a implementar programas similares y describí el programa en conferencias y
talleres. Luego, las organizaciones nacionales mostraron interés. A mí
y a otras personas en este campo nos pareció que teníamos un modelo
que muchas parroquias podían seguir para brindar educación religiosa
a niños con autismo y otras discapacidades.

Dimos un paso gigantesco para hacer realidad esta visión cuando
se involucró Loyola Press en 2012. Loyola Press, que durante décadas
ha estado desarrollando y publicando currículos sobre educación religiosa, deseaba servir a estudiantes con discapacidad. Se enteraron del
programa en Nuestra Señora de la Gracia, les gustó lo que vieron y
propusieron que trabajáramos juntos para adaptar su programa *Encontrando a Dios*. Eso es lo que hemos hecho, y el resultado es el *Adaptive
Finding God Program* [Programa adaptativo Encontrando a Dios], un
programa de educación religiosa exhaustivo que se puede utilizar exi-
tosamente con niños con autismo y otras necesidades especiales.

Este programa supera el mayor obstáculo que enfrentan las parroquias que desean atender a niños con autismo y otras discapacidades y a padres que necesitan con desesperación hallar maneras de compartir a Dios con sus hijos: el obstáculo de desarrollar un programa casi desde cero. El *Adaptive Finding God Program* [Programa adaptativo Encontrando a Dios] tiene todos los materiales necesarios para implementar una catequesis personalizada en cualquier parroquia. Incluye contenidos catequéticos esenciales que están en sintonía con un currículo existente, instrucción por niveles, materiales de capacitación para mentores, herramientas de aprendizaje y otros materiales que necesitan los coordinadores del programa y los mentores. Las parroquias pueden tomar este programa y adaptarlo.

Durante generaciones los católicos con discapacidad y sus familias han sido desatendidos por su Iglesia. El éxito de la catequesis personalizada y el desarrollo del *Adaptive Finding God Program* [Programa adaptativo Encontrando a Dios] son señales de que las cosas están cambiando. Por fin, párrocos, líderes catequéticos y familias tienen las herramientas necesarias para ofrecer a niños con autismo y otras necesidades especiales las gracias de los sacramentos y la plenitud de la fe.

Aún quedan muchos obstáculos. Los líderes en todos los niveles de la Iglesia tienen mucho trabajo por realizar para acercar a todos los católicos a una participación plena en la vida parroquial. Pero en un área al menos, el de la educación religiosa, tenemos un camino despejado. Te invito a que me acompañes.

Reconocimientos

Durante la elaboración de este libro, recibí mucha ayuda, inspiración y apoyo de muchas personas.

Agradezco a Grace Harding, a la hermana Michelle Grgurich y a Eleanor Marshall de la Oficina de Discapacidades de la diócesis de Pittsburgh por escuchar mis lamentos iniciales por la injusticia que sufrieron aquellos dos niños que me iniciaron en este viaje. Y al padre Richard Infante, —me pregunto si algún otro sacerdote habría tenido la visión y la confianza para permitir que semejante emprendimiento avanzara— sin su apoyo y consejo no creo que hubiera podido seguir adelante. A los niños que han participado en el programa durante estos años, a sus padres y a todos aquellos maravillosos mentores que pasaron horas en nuestras clases de los domingos por la mañana, les estoy muy agradecido. También agradezco a Lindsay Pfister y a los docentes de la Escuela Nuestra Señora de la Gracia por su apoyo y ayuda.

En este viaje conocí a personas santas que me han brindado guía, pensamientos, apoyo y ayuda directa. El Cardenal Daniel DiNardo de la arquidiócesis de Galveston-Houston, que se crio a unas tres millas de mi casa; el Obispo Robert Donnelly de la diócesis de Toledo; el Obispo David Zubik de Pittsburgh, que a partir de mi primera entrevista para el ingreso al programa de diaconado me ha desafiado a responder y a servir con los dones que Dios me ha dado; el padre William Byrne;

y el sargento Shriver y Mark Shriver. A Lisa Martinelli por tu apoyo, valentía y entusiasmo para demostrar que este método puede tener éxito en otra parroquia. A mis colegas del directorio del *National Apostolate for Inclusion Ministry* [Apostolado Nacional para el Ministerio de Inclusión], en especial al Obispo Mitchell Rozanski de Baltimore. Padre Enzo Addari, Bill Fleming, diácono Jim Lavin, Judy Sunder y Ted Sunder, padre Joe McNulty, Dennis McNulty, Helaine Arnold, diácono Ray Daull y Barbara Lampe. En la *National Catholic Partnership on Disability* [Alianza Nacional Católica sobre la Discapacidad] he sido bendecido con la ayuda de Janice Benton y Martin Benton, así como también con la de Nancy Thompson y la del *Autism Task Force* [Grupo de Tareas por el Autismo]. A las Hermanas de la Caridad y el *DePaul Institute*, quienes durante mi formación para el diaconado me mostraron y enseñaron que primero están los niños y en segundo lugar la discapacidad: muchas gracias.

Le estoy fundamentalmente agradecido a Joellyn Cicciarelli, Maria Mondragón y Tom McGrath de Loyola Press por la confianza, la visión y el valor de darme una oportunidad. Y a Jim Manney, quien me enseñó a plasmar mis pensamientos, palabras y pasiones en este maravilloso libro.

Por último, hay personas que han brindado apoyo porque era algo bueno hacerlo, y a ellos les estoy eternamente agradecido: Peg Kolm; Mary O'Meara; y muy especialmente a mi esposa Nancy y nuestros hijos, Dan, Brian y Mark, que participaron en todos nuestros viajes y nuestras aventuras como los primeros modelos y compañeros de mis estudiantes con autismo.

Acerca del autor

El Dr. Lawrence R. Sutton es diácono ordenado y psicólogo especializado en autismo. Fue director de la *Western Pennsylvania Office of Autism Services* [Oficina de Servicios para el Autismo de Pensilvania Occidental] y en la actualidad es el director del Programa de pre-Teología del St. Vincent College. Es reconocido a nivel nacional por desarrollar su propia metodología para brindar educación religiosa a niños con necesidades especiales.

Otros recursos para los niños con necesidades especiales

**Kit de preparación adaptativa
para la Primera Eucaristía**
4010-2 | $59.99

**Kit adaptativo
para la Reconciliación**
4011-9 | $59.99

**Kit de preparación adaptativa
para la Confirmación**
4012-6 | $59.99